阿弥陀経に学ぶ

廣瀬　惺

東本願寺出版

『阿弥陀経』に学ぶ

『阿弥陀経』に学ぶ　目次

・本文中の真宗聖典とは、東本願寺出版発行の『真宗聖典』を指します。

『阿弥陀経』の構成

- 序分《じょぶん》 ― 証信序《しょうしんじょ》
- 正宗分《しょうじゅうぶん》
  - 極楽（浄土）を讃嘆《さんだん》する
    - まず全体的に讃嘆する
    - 詳しく讃嘆する
      - (1) 依報荘厳《えほうしょうごん》を讃嘆する
        - ①宝樹《ほうじゅ》荘厳
        - ②宝池《ほうち》荘厳
        - ③天楽地華《てんがくちけ》荘厳
        - ④化鳥風樹《けちょうふうじゅ》荘厳
      - (2) 正報《しょうほう》荘厳を讃嘆する
  - 念仏往生《ねんぶつおうじょう》のすすめ
    - 念仏往生をすすめる
    - 六方の諸仏方《しょぶつがた》の証誠《しょうじょう》と護念《ごねん》
- 流通分《るずうぶん》

※依報…環境

※正報…主体とも説明されるが、『阿弥陀経』で言えば阿弥陀仏と聖衆（声聞・菩薩）のこと。

※構成は東本願寺出版発行『真宗聖典』の科文を元に、著者が作成した。

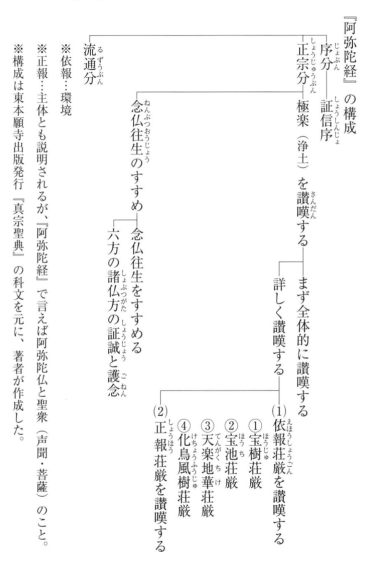

『仏説阿弥陀経』書き下し文（真宗聖典一二五～一三四頁）

序分
証信序

仏説阿弥陀経《ぶっせつあみだきょう》

姚秦《ようしん》の三蔵法師《さんぞうほっし》鳩摩羅什《くまらじゅう》、詔《しょう》を奉《うけたまわ》りて訳す

かくのごとき、我《われ》聞きたまえき。一時《ひととき》、仏、舎衛国《しゃえこく》の祇樹給孤独園《ぎじゅぎっこどくおん》にましまして、大比丘衆《だいびくしゅ》千二百五十人と倶《とも》なりき。みなこれ大阿羅漢《だいあらかん》なり。衆《しゅう》に知識《ちしき》せられたり。長老舎利弗《ちょうろうしゃりほつ》・摩訶目犍連《まかもっけんれん》・摩訶迦葉《まかかしょう》・摩訶迦旃延《まかかせんねん》・摩訶《まか》倶絺羅《くちら》・離婆多《りはだ》・周利槃陀伽《しゅりはんだか》・難陀《なんだ》・阿難陀《あなんだ》・羅睺羅《らごら》・憍梵波提《きょうぼんはだい》・賓頭盧頗羅堕《びんずるはらだ》・迦留陀夷《かるだい》・摩訶劫賓那《まかこうひんな》・薄拘《はっく》羅《ら》・阿㝹楼駄《あどろうだ》、かくのごときらのもろもろの大弟子、な

- 正宗分
  - 極楽（浄土）を讃嘆する
    - まず全体的に讃嘆する
    - 詳しく讃嘆する
      - (1)依報荘厳を讃嘆する
        - ①宝樹荘厳
        - ②宝池荘厳

らびにもろもろの菩薩摩訶薩《ぼさつまかさつ》、文殊師利法王子《もんじゅしりほうおうじ》・阿逸多《あいった》菩薩《ぼさつ》・乾陀訶提菩薩《けんだかだいぼさつ》・常精進菩薩《じょうしょうじんぼさつ》、かくのごときらのもろもろの大菩薩《だいぼさつ》、および釈提桓因等《しゃくだいかんいんとう》の無量の諸天・大《だい》衆《しゅう》と倶《とも》なりき。

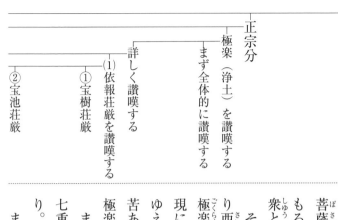

その時に、仏、長老舎利弗《ちょうろうしゃりほつ》に告げたまわく、「これより西方《さいほう》に、十万億《じゅうまんおく》の仏土《ぶつど》を過ぎて、世界あり、名づけて極楽《ごくらく》と曰《い》う。その土に仏まします、阿弥陀《あみだ》と号す。いま現にましまして法を説きたまう。舎利弗《しゃりほつ》、かの土《ど》を何のゆえぞ名づけて極楽とする。その国の衆生《しゅじょう》、もろもろの苦あることなし、但《ただ》もろもろの楽を受く、かるがゆえに極楽と名づく。

また舎利弗《しゃりほつ》、極楽国土には七重の欄楯《らんじゅん》・七重の羅網《らもう》・七重の行樹《ぎょうじゅ》あり。みなこれ四宝《しほう》をもって、周帀《しゅうそう》し囲繞《いにょう》せり。このゆえにかの国を、名づけて極楽と曰《い》う。

また舎利弗《しゃりほつ》、極楽国土には、七宝《しっぽう》の池あり。八功徳水《はっくどくすい》

③天楽地華荘厳

その中に充満せり。池の底にもっぱら金沙《こんしゃ》をもって地に布《し》けり。四辺に階道あり、金《こん》・銀《ごん》・瑠璃《るり》・玻瓈《はり》、合成《ごうじょう》せり。上に楼閣《ろうかく》あり、また金・銀・瑠璃・玻瓈・硨磲《しゃこ》・赤《しゃく》珠《しゅ》・碼碯《めのう》をもってして、これを厳飾《ごんじき》せり。池の中の蓮《れん》華《げ》、大きさ車輪のごとし。青き色には青き光、黄なる色には黄なる光、赤き色には赤き光、白き色には白き光あり。微妙香潔《みみょうこうけつ》なり。舎利弗《しゃりほつ》、極楽国土には、かくのごときの功徳荘厳《くどくしょうごん》を成就せり。

また舎利弗、かの仏国土《ぶっこくど》には、常に天の楽《がく》を作《な》す。黄金を地とす。昼夜六時に、天の曼陀羅華《まんだらけ》を雨《ふ》る。その国の衆生《しゅじょう》、常に清旦《しょうたん》をもって、おのおの衣裓《えこく》をもって、もろもろの妙華を盛《い》れて、他方の十万億《じゅうまんおく》の仏を供養したてまつる。すなわち食時《じきじ》をもって、本国に還《かえ》り到《いた》りて、飯《ぼん》食《じき》し経行《きょうぎょう》す。舎利弗《しゃりほつ》、極楽国土には、かくのごときの功《く》徳荘厳《どくしょうごん》を成就せり。

④化鳥風樹荘厳

また次《つぎ》に、舎利弗、かの国には常に種種《しゅじゅ》の奇妙雑色《きみょうざっしき》の鳥あり。白鵠《びゃっこう》・孔雀《くじゃく》・鸚鵡《おうむ》・舎利《しゃり》・迦陵頻伽《かりょうびんが》・共命《ぐみょう》の鳥なり。このもろもろの衆鳥《しゅちょう》、昼夜六時に和雅《わげ》の音《こえ》を出《い》だす。その音《こえ》、五根《ごこん》・五力《ごりき》・七菩提分《しちぼだいぶん》・八聖道分《はっしょうどうぶん》、かくのごときらの法を演暢《えんちょう》す。その土の衆生《しゅじょう》、この音《こえ》を聞き已《おわ》りて、みなことごとく仏を念じ、法を念じ、僧を念ず。舎利弗《しゃりほつ》、汝《なんじ》、この鳥は実にこれ罪報の所生《しょしょう》なりと謂《おも》うことなかれ。所以《ゆえ》は何《いか》ん。かの仏国土《ぶっこくど》には三悪趣《さんあくしゅ》なければなり。舎利弗《しゃりほつ》、その仏国土には、なお三悪道《さんあくどう》の名なし。何《いか》にいわんや実にこのもろもろの衆鳥《しゅちょう》あらんや。みなこれ阿弥陀仏《あみだぶつ》、法音をして宣流《せんる》せしめんと欲《ほっ》して、変《へん》化《げ》して作《な》したまうところなり。舎利弗《しゃりほつ》、かの仏国土《ぶっこくど》には、微風《みふう》、もろもろの宝の行樹《ぎょうじゅ》および宝の羅網《らもう》を吹き動かすに、微妙《みみょう》の音《こえ》を出《い》だす。たとえば百千種の楽《がく》の同時に倶《とも》に作《な》すがごとし。この音《こえ》を聞く者、みな自然《じねん》に念《ねん》

(2) 正報荘厳を讃嘆する

仏《ぶつ》・念法《ねんぽう》・念僧《ねんそう》の心を生ず。舎利弗、その仏国土には、かくのごときの功徳荘厳《くどくしょうごん》を成就せり。

舎利弗《しゃりほつ》、汝《なんじ》が意《こころ》において云何《いかん》。かの仏を何のゆえぞ阿《あ》弥陀《みだ》と号する。舎利弗《しゃりほつ》、かの仏の光明、無量にして、十方の国を照らすに、障碍《しょうげ》するところなし。このゆえに号して阿弥陀《あみだ》とす。また舎利弗、かの仏の寿命およびその人民《にんみん》も、無量無辺阿僧祇劫《むりょうむへんあそうぎこう》なり、かるがゆえに阿弥陀《あみだ》と名づく。舎利弗《しゃりほつ》、阿弥陀仏《あみだぶつ》、成仏《じょうぶつ》より已来《このかた》、いまに十劫《じっこう》なり。また舎利弗、かの仏に無量無辺の声聞《しょうもん》の弟子あり、みな阿羅漢《あらかん》なり。これ算数《さんじゅ》の能《よ》く知るところにあらず。もろもろの菩薩衆《ぼさつしゅ》もまたまたかくのごとし。舎利《しゃり》弗《ほつ》、かの仏国土《ぶっこくど》には、かくのごときの功徳荘厳《くどくしょうごん》を成就せり。

また舎利弗、極楽国土の衆生《しゅじょう》と生まるる者は、みなこれ阿鞞跋致《あびばっち》なり。その中に、多く一生補処《いっしょうふしょ》あり、その数

念仏往生のすすめ

念仏往生をすすめる

はなはだ多し。これ算数《さんじゅ》の能《よ》くこれを知るところにあらず。但《ただ》、無量無辺阿僧祇劫《むりょうむへんあそうぎこう》をもって説くべし。舎利弗《しゃりほつ》、衆生《しゅじょう》聞かん者、応当《まさ》に願を発《おこ》しかの国に生まれんと願ずべし。所以《ゆえ》は何《いかん》。かくのごときの諸上善人と倶《とも》に一処《いっしょ》に会《え》することを得《う》ればなり。舎利弗《しゃりほつ》、少善根福徳《しょうぜんごんふくとく》の因縁《いんねん》をもって、かの国に生まるることを得《う》べからず。

　舎利弗《しゃりほつ》、もし善男子《ぜんなんし》・善女人《ぜんにょにん》ありて、阿弥陀仏《あみだぶつ》を説くを聞きて、名号を執持《しゅうじ》すること、もしは一日、もしは二日、もしは三日、もしは四日、もしは五日、もしは六日、もしは七日、一心にして乱《みだ》れざれば、その人、命《みょう》終《じゅう》の時に臨《のぞ》みて、阿弥陀仏《あみだぶつ》、もろもろの聖衆《しょうじゅ》と、現じてその前にましまさん。この人、終わらん時、心顚倒《てんどう》せずして、すなわち阿弥陀仏《あみだぶつ》の極楽国土に往生することを得《え》ん。舎利弗《しゃりほつ》、我この利を見るがゆえに、この言《ごん》を説く。もし衆生《しゅじょう》ありてこの説を聞かん者は、応当《まさ》に願を発《おこ》しか

六方の諸仏方の証誠と護念

の国土《こくど》に生ずべし。

舎利弗、我《わ》がいま阿弥陀仏《あみだぶつ》の不可思議の功徳を讃歎《さんだん》するがごとく、東方に、また、阿閦鞞仏《あしゅくびぶつ》・須弥相仏《しゅみそうぶつ》・大《だい》須弥仏《しゅみぶつ》・須弥光仏《しゅみこうぶつ》・妙音仏《みょうおんぶつ》、かくのごときらの恒河沙数《ごうがしゃしゅ》の諸仏《しょぶつ》ましまして、おのおのその国にして、広長《こうちょう》の舌相《ぜっそう》を出《い》だして、遍《あまね》く三千大千世界に覆《おお》いて、誠実《じょうじつ》の言《ごん》を説きたまう。汝等衆生《なんじらしゅじょう》、当《まさ》にこの不可思議の功徳を称讃《しょうさん》する一切諸仏に護念せらるる経を信ずべし。

舎利弗《しゃりほつ》、南方の世界に、日月燈仏《にちがつとうぶつ》・名聞光仏《みょうもんこうぶつ》・大焔肩《だいえんけん》仏《ぶつ》・須弥燈仏《しゅみとうぶつ》・無量精進仏《むりょうしょうじんぶつ》、かくのごときらの恒河沙《ごうがしゃ》数《しゅ》の諸仏ましまして、おのおのその国にして、広長の舌相を出《い》だして、遍《あまね》く三千大千世界に覆《おお》いて、誠実《じょうじつ》の言《ごん》を説きたまう。汝等衆生《なんじらしゅじょう》、当《まさ》にこの不可思議の功徳を称讃《しょうさん》する一切諸仏に護念せらるる経を信ずべし。

舎利弗《しゃりほつ》、西方の世界に、無量寿仏《むりょうじゅぶつ》・無量相仏・無量幢《むりょうどう》

仏《ぶつ》・大光仏・大明仏《だいみようぶつ》・宝相仏《ほうそうぶつ》・浄光仏《じようこうぶつ》、かくのごときらの恒河沙数《ごうがしやしゆ》の諸仏ましまして、おのおのその国にして、広長の舌相を出《い》だして、遍《あまね》く三千大千世界に覆《おお》いて、誠実《じようじつ》の言《ごん》を説きたまう。汝等衆生《なんじらしゆじよう》、当《まさ》にこの不可思議の功徳を称讃《しようさん》する一切諸仏に護念せらるる経を信ずべし。

舎利弗《しやりほつ》、北方の世界に、焔肩仏《えんけんぶつ》・最勝音仏・難沮仏《なんそぶつ》・日生仏《につしようぶつ》・網明仏《もうみようぶつ》、かくのごときらの恒河沙数《ごうがしやしゆ》の諸仏ましまして、おのおのその国にして、広長の舌相を出《い》だして、遍《あまね》く三千大千世界に覆《おお》いて、誠実《じようじつ》の言《ごん》を説きたまう。汝等衆生《なんじらしゆじよう》、当《まさ》にこの不可思議の功徳を称讃《しようさん》する一切諸仏に護念せらるる経を信ずべし。

舎利弗《しやりほつ》、下方《げほう》の世界に、師子仏《ししぶつ》・名聞仏《みようもんぶつ》・名光仏《みようこうぶつ》・達《だつ》摩仏《まぶつ》・法幢仏《ほうどうぶつ》・持法仏、かくのごときらの恒河沙数《ごうがしやしゆ》の諸仏ましまして、おのおのその国にして、広長の舌相を出《い》だして、遍《あまね》く三千大千世界に覆《おお》いて、誠実《じょうじつ》の言《ごん》を説きたまう。汝等衆生《なんじらしゅじょう》、当《まさ》にこの不可思議の功徳を称讃《しょうさん》する一切諸仏に護念せらるる経を信ずべし。

舎利弗《しゃりほつ》、上方の世界に、梵音仏《ぼんのんぶつ》・宿王仏・香上仏《こうじょうぶつ》・香光仏《こうこうぶつ》・大焔肩仏《だいえんけんぶつ》・雑色宝華厳身仏《ざつしきほうけごんしんぶつ》・娑羅樹王仏《しゃらじゅおうぶつ》・宝華《ほうけ》徳仏《とくぶつ》・見一切義仏・如須弥山仏《にょしゅみせんぶつ》、かくのごときらの恒河沙数の諸仏ましまして、おのおのその国にして、広長の舌相を出《い》だして、遍《あまね》く三千大千世界に覆《おお》いて、誠実《じょうじつ》の言《ごん》を説きたまう。汝等衆生《なんじらしゅじょう》、当《まさ》にこの不可思議の功徳を称《しょう》讃《さん》する一切諸仏に護念せらるる経を信ずべし。

舎利弗《しゃりほつ》、汝《なんじ》が意《こころ》において云何《いかん》。何のゆえぞ、名づけて、一切諸仏に護念せらるる経とする。舎利弗、もし善《ぜん》男子《なんし》・善女人《ぜんにょにん》ありて、この諸仏の所説の名および経の名を聞かん者、このもろもろの善男子・善女人、みな一切諸仏のために共に護念せられて、みな阿耨多羅三藐三《あのくたらさんみゃくさん》菩提《ぼだい》を退転せざることを得《う》。このゆえに舎利弗、汝等《なんじら》、みな当《まさ》に我《わ》が語《ことば》および諸仏の所説を信受すべし。舎利弗、もし人ありて、已《すで》に願を発《おこ》し・今《いま》願を発《おこ》し・当《とう》に願を発《おこ》して、阿弥陀仏国《あみだぶっこく》に生まれんと欲《おも》わん者は、このもろもろの人等《ひとら》、みな阿耨多羅三藐三菩提《あのくたらさんみやくさんぼだい》を退転せざることを得て、かの国土において、もしは已《すで》に生じ・もしは今《いま》生じ・もしは当《とう》に生ぜん。このゆえに舎利弗、もろもろの善男子・善女人、もし信あらん者は、応当《まさ》に願を発《おこ》してかの国土に生ずべし。

舎利弗《しゃりほつ》、我《わ》がいま諸仏の不可思議の功徳を称讃するごとく、かの諸仏等も、また、我《わ》が不可思議の功徳を称説して、この言《ごん》を作《な》さく、「釈迦牟尼仏《しゃかむにぶつ》、能《よ》く甚難希有《じんなんけう》の事《じ》を為《な》して、能《よ》く娑婆国土《しゃばこくど》の五濁悪世《ごじょくあくせ》、劫濁《こうじょく》・見濁《けんじょく》・煩《ぼん》悩濁《のうじょく》・衆生濁《しゅじょうじょく》・命濁《みょうじょく》の中にして、阿耨多羅三藐三菩提《あのくたらさんみやくさんぼだい》

流通分

を得て、もろもろの衆生《しゅじょう》のために、この一切世間に信じ難き法を説きたまう」と。舎利弗《しゃりほつ》、当《まさ》に知るべし。我《われ》五《ご》濁《じょく》悪世にして、この難事を行じて、阿耨多羅三藐三菩提《あのくたらさんみゃくさんぼだい》を得て、一切世間のために、この難信の法を説く。これをはなはだ難《かた》しとす。」

仏《ぶつ》、この経を説きたまうことを已《おわ》りて、舎利弗《しゃりほつ》およびもろもろの比丘《びく》、一切世間の天・人《にん》・阿修羅等《あしゅらとう》、仏の所説を聞きたまえて、歓喜《かんぎ》し、信受して、礼《らい》を作《な》して去りにき。

仏説阿弥陀経《ぶっせつあみだきょう》

一　浄土三部経とは何か

経題について

釈尊《しゃくそん》が〝舎利弗《しゃりほつ》、舎利弗〟と、ある意味で一方的に呼びかけ続けられて、教えが説かれていく経典が『阿弥陀経《あみだきょう》』です。『阿弥陀経』は浄土三部経《じょうどさんぶきょう》の中の『阿弥陀経』ですから、はじめに「浄土三部経とは何か」ということを確かめておきたいと思います。

三部経とは、『仏説無量寿経《ぶっせつむりょうじゅきょう》』、『仏説観無量寿経《かんむりょうじゅきょう》』、『仏説阿弥陀経』の三つの経典を言います。これは不思議だと思うのですけど、八万四千あると言われるお釈迦《しゃか》さまの経典の中から、この三つの経典が選び出されたということは、誰かが作為《さくい》的に選び出したというわけではないのでしょう。そしてまた、この『阿弥陀経』が訳されてから約一六〇〇年の間、ずっと人々に読まれ続けてきているということも、不思議です。

最初に経典の題についてですが、親鸞聖人《しんらんしょうにん》は、『仏説無量寿経』を『仏説無量寿経』とは、まったくと言っていいほどおっしゃっておられません。『仏説無量寿経』とお呼びになっているのは、私の記憶では一箇所だけです。ほとんどが、『大無量寿《だいむりょうじゅ》経《きょう》』とか『大経《だいきょう》』という呼び方です。これは、決して『無量寿経』を略しておられるわけではないのです。むしろ『無量寿経』に説かれておりますす内容に即《そく》して、親鸞聖人は『大無量寿経』、あるいは『大経』と呼ぶ方が相応《ふさわ》しいと、そういうことでそのように表現しておられるわけです。それから『観無量寿経』についても、そのようには一度もおっしゃっておられない。『無量寿仏観経《むりょうじゅぶつかんぎょう》』や『観経《かんぎょう》』とお呼びになっておられます。

そういうことでは、かなり強引《ごういん》と言えば強引なんです。そのように題が付けられているからそのように呼ぶということではないわけです。他の方々が『無量寿経』と呼んでおられるものを『大無量寿経』と呼ばれてみたり、『観無量寿経』とほとんどの人が呼んでおられるものを『無量寿仏観経』と呼ばれてみたり、それくらい大胆なのが浄土仏教の流れだと私は受け取っているのです。ある意味、そういうことでなければ浄土仏教が生まれてこようがなかったのではないかと思います。

なぜ仏教の中から浄土仏教が生まれてきたのか。それは、人々が命を懸《か》けて仏陀《ぶっだ》の教えに救いを求めていかれた、その勇気と大胆さ。そういうものが、仏陀の教えの中から浄土仏教を聞き取ってきたのでしょう。普通、客観的に仏教をとらえる立場からしますなら、浄土教は仏教ではないと。こういう取り方が多いのではないでしょうか。しかしそうではなくて、お釈迦さまが本当にお説きになろうとなさったことはお念仏の教えだと。これを言い切ってこられた方々の勇気と救いを求める情熱がなければ、お釈迦さまの教えの中からお念仏の教えを聞き取るということはできなかったと思います。

『無量寿経』と呼んでおけばいいじゃないかと思うのですけれども、親鸞聖人は、それでは『無量寿経』の意《こころ》がいただけない。『大無量寿経』、あるいは『大経』と呼ぶのが相応《ふさわ》しいと。『観無量寿経』も、『観経』と呼ぶか、『無量寿仏観経』と呼ぶか、どちらかでないと自分は題としていただけない。そういうことですね。いまは『観経』についてはおいておきますが、なぜ『大経』とお呼びになるのかにつきましては、「大」は大乗《だいじょう》仏教の「大」であり、どのような人にとっても教えという意味を持つ経典が『無量寿経』という意味でだと、私は受け取っています。

そして最後は『阿弥陀経』です。『阿弥陀経』については親鸞聖人も、『阿弥陀経』と、こうおっしゃっておられます。しかし、それもただそのままおっしゃっておられるということではなく、『阿弥陀経』という経典は〝阿弥陀仏《あみだぶつ》とは何か〟ということを私たちに明瞭にお示しくださっている経典なのだと。そういう意味を込めて、親鸞聖人は『阿弥陀経』と呼んでおられるのだと思います。

『阿弥陀経』の中で、〝舎利弗、舎利弗〟と説いておられる釈尊が、突然「舎利弗、汝《なんじ》が意《こころ》において云何《いかん》」（真宗聖典一二八頁）、〝舎利弗よ、お前わかっておるのか。どう思っているのだ〟、とおっしゃられている箇所があります。そして、「かの仏を何のゆえぞ阿弥陀《あみだ》と号《ごう》する」、なぜ西方の仏さまを阿弥陀仏と言うのか、とおっしゃってい るわけです。そして、さらにそれに続いて、「舎利弗、かの仏の光明、無量にして、十方の国を照らすに、障碍《しょうげ》するところなし。このゆえに号して阿弥陀とす。また舎利弗、かの仏の寿命およびその人民《にんみん》も、無量無辺阿僧祇劫《むりょうむへんあそうぎこう》なり、かるがゆえに阿弥陀と名づく」と説いておられます。このように、非常に凝縮されたかたちで、私たちを救う仏さまをなぜ阿弥陀と言うのかということを、仏陀が舎利弗に問いかけるようになさって、仏陀ご自身がお答えになっておられる。このようなところからも、『阿弥陀経』という経典は、阿弥陀仏を教えてくださっている経典だと言えるかと思います。

そういう意味では、浄土三部経それぞれの、親鸞聖人がお呼びになっておられる経題というのは、親鸞聖人がそういう経典として出遇《であ》っておられるといただかれるのではないかと思います。『無量寿経』には、『大無量寿経』として出遇っておられる。

『観無量寿経』には、『観経』あるいは『無量寿仏観経』として出遇っておられる。『阿弥陀経』には、阿弥陀仏を教えてくださっている経典として出遇っておられる。これが親鸞聖人の経典の呼び方でしょう。

人と生まれて

一六〇〇年以上もの間、ずっと三部経は読まれ続けてきた。さまざまな時代を貫《つらぬ》いて、さらには国を越えて浄土三部経は生き続けてきた。それは三部経が、そういうものを持っているからなのではないでしょうか。

時代を貫き国を越えて、無数の方々が、それに人生の課題を問い、生涯それに学び導かれていかれた。自らの課題を浄土三部経にぶつけていかれたと言ってもいいのではないでしょうか。

私たちはさまざまな問題を抱《かか》えて生きているわけです。大きく申しますなら時代社会の問題があります。どんな時代でもその時代時代の緊迫した問題があるわけでしょう。いまの時代で申しますなら、災害とか、原発の問題等、大変な問題を抱えておりますます。そういう問題を抱えて、うろたえながら人間は生き続けてきたんだろうと思います。

そしてまた、お釈迦さまはどんな人でも抱えている問題として「四苦《しく》」ということを教えてくださっています。四つの苦しみをどんな人でも抱えているのだということです。「生老病死《しょうろうびょうし》」です。仏教では一般的に、これが代表的な、誰もが抱えている苦しみであると教えられているわけです。それに対して、これは浄土教のおそらく独自なところだろうと思うのですけれども、その生老病死に「愛別離苦《あいべつりく》」を加えて、五苦《ごく》ということが教えられています。どのような人も抱えている、もっとも苦しい問題を五つの苦しみと。そのことは、先ほど申しました『観無量寿経』の中に説かれています。

私は田舎のお寺の住職をさせていただいているのですが、四十軒ほどのご門徒さんのうち今年は九軒でお葬式がありました。田舎ということもありまして日ごろからお付き合いがありますから、特にお通夜とかでは、亡くなられたご門徒の方とのあれこれを思い出して、つい泣いてしまうこともあります。そのようなお葬式のご縁の中でふっと思ったのです。人間というのは、自分が積んできた経験を一生抱えて生きていくんだなあ、そして、その中でも特に愛別離苦の苦しみは、生涯解けない問題として抱え続けていくんだろうと。そんなことを、最近感じさせられたということがありました。

そしていま一つ、最近気づかせられたことを申しますと、生老病死の生苦《しょうく》、これがずっとわからなかったのです。生苦ということで、お釈迦さまは何をおっしゃっておられるんだろうかと。これまで、それには二つあると教えられてきました。一つは私たちは生まれてきたということに対して、自分自身に根拠を持っていない。気づいてみたら生まれていたというところからくる苦。もう一つが、お母さんの産道をくぐってくる時の苦しみを、どこかに記憶しているんだと。そのことからくる苦。そのように教えられてきたのですけれど、いま一つよくわからなかったんです。しかし、このところ歳をとってきまして、こういうことではないかと気づかせられたわけです。自分の人生は何だったんだろうかという人生に対する問い。あるいは、自分は何のために生まれてきたのかという問い。何かそういう問題を私たちはどこかに抱えているのではないかと思うのです。それは気分となって問われているような問題でありますけれども、それが自分の人生を覆《おお》っている。そういう問題を生苦とおっしゃったのではないだろうかということです。

生老病死、それから愛別離苦。さらには時代の問題とか、さまざまな問題を抱えながら、人々がこれまで一六〇〇年以上もの間、本当に納得《なっとく》できる人生はどこにあるのか。そういうやむにやまれない問いを、浄土三部経にぶつけてこられた、問い続けてこられたのではないか。そして浄土三部経を通してそれに対する、答えを見出していかれたのではないか。このように生きることが、人間として生きることなのか、そういう確信を、浄土三部経を通して得ていかれた。そういう経典が、浄土三部経であると申してよろしいのではないでしょうか。ですから、一六〇〇年以上もの間ずっと今日まで伝えられ続けてきているわけでしょうし、おそらくこれからも伝えられ続けていくのではないでしょうか。一言で言えば、浄土三部経とはいのちの経典と申してもいいのではないかと思います。

有縁の法

多くの人々が、生涯それに学び、導かれ続けてきた教えということですが、そのような教えを持つことの大切さを、「有縁《うえん》の法《ほう》」という言葉で示してくださったのが、中国の善導大師《ぜんどうだいし》という方です。人間にとって、有縁の法が大事だと。ここで「法」というのは教えという意味です。有縁の教えですね。生涯学び続けていくことができる教えのことです。その善導大師の言葉を、親鸞聖人がお引きになっておられます。

行者当《ぎょうじゃまさ》に知るべし、もし解《げ》を学ばんと欲《おも》わば、凡《ぼん》より聖《しょう》に至るまで、乃至仏果《ないしぶっか》まで、一切碍《さわり》なし、みな学ぶことを得《う》るとなり。もし行《ぎょう》を学ばんと欲《おも》わば、必ず有縁の法に藉《よ》れ、少しき功労《くろう》を用いるに多く益《やく》を得ればなりと。

(『教行信証』「信巻」真宗聖典二一九頁)

「もし解を学ばんと欲わば」、それを略して「解学《げがく》」と言われています。解を学ぶ、これは知識的な学びのことです。

仏教を知識として学ぼうとするのならば、凡夫《ぼんぶ》のことから菩薩《ぼさつ》(聖《しょう》)のことまで、さらには仏さまのことまでも学ぶことができると。そして、その次が大事です。「もし行を学ばんと欲わば、必ず有縁の法に藉《よ》れ、少しき功労を用いるに多く益を得ればなり」。この功労というのはいわゆる苦労と同じ意味です。こちらは「行学《ぎょうがく》」と言われております。行を学ぶというのは、知識的な学びに対して、私の上に救いが明らかになっていくような学びです。道が明らかになっていく、生き方が明らかになっていくような学び。それが行学と言われているわけです。もっと言えば、悔《く》いることなくいのちを終えていくことのできるような、そういう道が明らかになっていく学び、こう申し上げてよろしいでしょう。それには必ず有縁の法に藉れ、こうおっしゃっているわけです。

これは宮城顗《みやぎしずか》という先生から教えていただいたのですが、この文で一番大事なのは、冒頭の「行者当に知るべし」だということです。この言葉は行者に向かっておっしゃってくださっている言葉であって、学問として知識的に学ぼうとしている人に言っている言葉ではないということです。そうしますと、この言葉はどういただかれるのかと言いますと、「行者当に知るべし」ですから、たとえ救いを求めて仏道を学んでいるとしても、もし藉《よ》るべき有縁の法がなければ、結局は解学で終わっていくんだと。知識で終わっていくんだということです。そういう文でありましょう。有縁の法抜きに行学として仏道は学べない、人生が明らかになっていかないのだということです。そういう意味で善導大師のこの文というのは、非常に大切な文でありましょうし、厳《きび》しいお言葉だと思います。

そういうことで、浄土三部経は、多くの方々がそれに学び、生涯導かれていかれた有縁の法としての経典です。もう一言加えさせていただきますなら、そのように申しますと、今日の私たちにとって、いきなり浄土三部経をいただくことは無理だとお感じになるかと思います。そういうことでは、私は、三部経の意《こころ》を私たちに教えてくださる書物。生涯それに、私なら私が学び続けていくことのできるような、そういう書物。それも浄土三部経という呼び方の中に含めて浄土三部経を有縁の法だと、このように申し上げたいと思うことでございます。

五正行

いま一つ申し上げておきますと、これも善導大師でありますけど、有縁の法についてどのように学べばいいのかということを、非常に具体性をもって教えてくださっています。有縁の法をどのように学べば私たちの上に道が明らかになるのか、ということを教えてくださっているわけです。それを「五正行《ごしょうぎょう》」と言います。今日的に言えば宗教生活の中身です。私の上に救いが明らかになっていく生活。それを善導大師は、生活の中に五つの行を持った生活、それが宗教生活だということを、『観経』にもとづいてお示しくださっているわけであります。

専《もっぱ》ら往生経の行に依《よ》って行ずるは、これを正行と名づく。何ものかこれや。一心に専らこの『観経』・『弥陀経』・『無量寿経』等を読誦《どくじゅ》する。一心にかの国の二報《にほう》荘厳《しょうごん》を専注し、思想し、観察《かんざつ》し、憶念《おくねん》する。もし礼《らい》せば、すなわち一心に専らかの仏を礼する。もし口に称せば、すなわち一心に専らかの仏を称せよ。もし讃《さん》嘆供養《だんくよう》せば、すなわち一心に専ら讃嘆供養する。これを名づけて「正《しょう》」とす、と。

（『教行信証』「化身土巻」真宗聖典三三五頁）

こういう言葉で、五正行ということを教えてくださっています。読誦《どくじゅ》・観察《かんざつ》・礼拝《らいはい》・称名《しょうみょう》・讃嘆供養《さんだんくよう》、この五つの行いを生活の中に持つということです。

その一番の土台になるものが「読誦」です。読誦というのが有縁の法の学び方です。「読」は目で読む、「誦」はそらんじて読む。一言で言えば繰り返し読むということでしょう。繰り返し読むということはもう一つ言えば、頭で理解して読むのではないということです。ひたすら読むということでしょうね。逆に言いますと、そのように繰り返し読むことに耐えるものが有縁の法なのでしょう。ただ何の意味もないものを繰り返し読めないですよね。繰り返し読む。読誦という学び方とはどういうことかについて金子大榮《かねこだいえい》という先生は、「言葉の響きを聞く」という言葉で教えてくださっています。

そして、「観察」ということは科学的な観察《かんさつ》と同じような意味だと申し上げてよろしいかと思います。ごまかしなく、教えを通していただかれてくる事柄を自らの生活に照らして、納得できるまで明らかにしていくということです。宗教的思索と言っていいと思います。教えとの対話です。読誦が始まりますと、おのずからその読誦している教えとの対話が生活の中で始まっていく。これが「観察」であります。そして「礼拝」、阿弥陀如来を礼拝する。そして「称名」、南無阿弥陀仏と称《とな》える。「讃嘆供養」、供養という言葉は讃《たた》え敬《うやま》うというのが本来の意味です。ですから阿弥陀如来を讃え敬う。それがかたちとしてはお花を飾《かざ》ったり、お仏飯《ぶっぱん》を備《そな》えたり、そういうことが「讃嘆供養」です。そのように五つの行を持った生活が宗教生活だと、救われていく生活のかたちだということを善導大師がお示しくださっているわけです。そして大事なことは、その土台が、繰り返し生活の中で有縁の教えを拝読する。読誦するということであるということです。

特に、これから学びます『阿弥陀経』というのは、日々の生活の中で読誦していく、そういう性格を持っている経典です。心に響く、一つの詩です。浄土三部経は、ほかの経典と比《くら》べて、特に文学性を強く持っている経典ではないかと私は思っているのです。『大無量寿経』は、法蔵菩薩《ほうぞうぼさつ》が阿弥陀さまになっていかれる。そして、衆生にとっての救いの世界である浄土を開いていかれる物語として教えが説かれていきます。金子大榮先生のお言葉を借りますと、経典文学です。ですから、いわゆる理屈がないんです。特に、『大経』は経典文学。それから『観経』についてですが、曽我量深《そがりょうじん》先生は『観経』の中の言葉をもって「譬喩経《ひゆきょう》」だとおっしゃっています。私たちが感覚できる現実の事柄を通して、そこに法を開いていこうとなさる経典だということです。ですから、いわゆる論理的に仏教の教理を説かれている経典ではございません。それらに対しますと、私は『阿弥陀経』というのは詩だと思っているんです。詩的表現、詩です。そういうことでは、声に出して音読をする、そうすると、何かこちらに伝わる響きを持っている。そういうことで、生活の中で読誦する、そういうお心が、仏陀釈尊が『阿弥陀経』をお説きになられた基本的なところにあるのだろうと受け取っているのです。

もう一言足しておきますと、先ほど「一心に専《もっぱ》らこの『観経』・『弥陀経』・『無量寿経』等を読誦する」とありましたが、この浄土三部経「等を読誦する」ということですが、基本は文字通り経典として目の前にありますお経でありましょう。しかし私は先ほども少し申しましたが、三部経の意を私に教えてくださる方々の著されたもの、それを「等」という中にいただくわけです。そういう意味で、私たちにしますと親鸞聖人のもの、蓮如上人《れんにょしょうにん》のもの、そして清沢満之《きよざわまんし》先生のもの、曽我先生のもの、それらを「等」という中に、含めていいのではないかと思います。

親鸞聖人の浄土三部経の見方

ここで、親鸞聖人の三部経に対する見方、親鸞聖人の三部経観について申し上げておきたいと思います。親鸞聖人以前の方々と、親鸞聖人とではかなり受け止めが違うと言いましょうか、それまでの方々のところでは明確ではなかったことをはっきりなさった、それが親鸞という方であると、申し上げてよろしいかと思います。

親鸞聖人以前、法然上人《ほうねんしょうにん》までは、『大経』も『観経』も『阿弥陀経』も押しなべて、念仏往生《ねんぶつおうじょう》の経典であるといただいておられたと申し上げてよろしいでしょう。念仏申す者の救いを明らかにしている経典。念仏を申すところに救いの世界が開かれることを教えてくださっている経典ということです。念仏往生の道を三つの経典が共に説いてくださっている。ですからどの経典がどうだということではなく、それぞれが念仏往生を説いてくださっているということです。

それに対して親鸞聖人は、三つの経典を「真実の教え」と「方便の教え」として、三経それぞれの意義を明瞭にしてくださったわけです。すなわち、『大無量寿経』は真実の教え。真実の救いの道理が説かれているのが『大無量寿経』だと。それに対しまして、『観経』と『阿弥陀経』は方便の教えだと。方便ということの意味は、一つには、私たちを真実に導いてくださる教えということです。そしてもう一つは、真実に生きる生活を護ってくださる教えという意味です。こういうかたちで、浄土三部経の意義を明らかにしてくださった。

方便と言いますと私たちは軽く思ってしまいますが、むしろ方便のところに仏陀のご苦労があるわけでしょう。本当は、『大無量寿経』だけでみんなが受け取ってくれるのなら説く必要はないわけです。『観無量寿経』がどういう方便の教えなのかということを親鸞聖人が述べておられるお言葉があります。

釈迦牟尼仏《しゃかむにぶつ》、福徳蔵《ふくとくぞう》を顕説《けんせつ》して群生海《ぐんじょうかい》を誘引《ゆういん》し

（『教行信証』「化身土巻」真宗聖典三三一六頁）

と。これが『観経』の教えだということです。「福徳蔵」と申しますのは『観経』の

教えのことです。「福」というところに、私たちの要求に応《こた》えてくださっているということがあるのでしょう。「群生海」、群《むら》がっているんだけれども、それぞれが自己関心で生きている衆生のことでしょう。そういう私たちを、真実に誘《さそ》い引き入れてくださる。それが『観経』の教えだと。

そして『阿弥陀経』です。『阿弥陀経』については、

釈迦牟尼仏は、功徳蔵《くどくぞう》を開演して、十方濁世《じょくせ》を勧化《かんけ》したまう。

（『教行信証』「化身土巻」真宗聖典三四七頁）

と述べておられます。「功徳蔵」と申しますのは『阿弥陀経』の教えの内容です。それを開演、開き演《の》べてくださって、十方濁世、「濁世」というのは事柄を曖昧《あいまい》にしていく世の中です。「濁《にご》」りというのは真っ黒ではないんです。私たちが仏教を学んでおりまして、〝ああ、これが仏教か〟と、こう言って喜び勇《いさ》んだとしても、そのことを曖昧化していく社会が濁世です。そのまま保たせない。そのような濁世を生きる衆生を勧化したもうのが、『阿弥陀経』だということです。「勧化」というのは、念仏をすすめ、いま一度、本願に生きる生活を開いてくださるということです。

親鸞聖人が『教行信証《きょうぎょうしんしょう》』という主著の中で、「釈迦牟尼仏」と記しておられるのは

いま申し上げました二箇所だけなんです。ここには、方便の教えを説くことにお釈迦さまは全存在をかけられたというお心が込められているわけでしょう。ですから略されずに釈迦牟尼仏です。それほどに方便をお説きになるということは仏さまも容易ではないんです。そこに方便が説かれないと救われない私たちがいるということです。方便について、曇鸞大師《どんらんだいし》が解釈なさっておられるものを親鸞聖人が引いておられます。

正直《しょうじき》を方《ほう》と曰《い》う。外己《げこ》を便《べん》と曰う。正直に依るがゆえに、一切衆生《しゅじょう》を憐愍《れんみん》する心を生ず。外己に依るがゆえに自身を供養し恭敬《くぎょう》する心を遠離《おんり》せり。

（『教行信証』「証巻」真宗聖典二九四頁）

おっしゃっていることは、方便の「方」というのは一人も残さずということだと、一人も漏《も》らさずということです。「正直」とは分け隔《へだ》てをしないということです。どのような人にも真実を届けたいと。そういう仏の大悲です。そして、「便」というのは外己だと、仏さまの自己否定です。自分の立場を捨ててということです。方便というのを我われは軽く考えますけれども、そこに仏の大悲があるのだということで、親鸞聖人は「釈迦牟尼仏」とフルネームで、『教行信証』の中でこの二箇所だけお釈迦さまのことを記しておられるわけです。方便というお心をいただかれて、親鸞聖人は釈迦牟尼仏とおっしゃっておられると言っていいのではないでしょうか。

そういたしますと、親鸞聖人はなぜ真実の教と方便の教として、初めて浄土三部経の意義を明らかになさったのか。そこには、親鸞聖人自身が明らかにしないと救われないという状況に身を置かれたということがあったのではないでしょうか。単に誰かのため、という第三者的な立場ではないでしょう。親鸞聖人自身が、道を明らかになさっていかれる中で、三部経のそれぞれの意義を明瞭になさっていかれた。その理由を、私は越後《えちご》流罪《るざい》以降の親鸞聖人にいただくわけです。

親鸞聖人は二十九歳で法然上人と遇《あ》われたわけですが、三十五歳で流罪に処せられました。それで流罪以降法然上人と会うことはなかったわけです。ですから、親鸞聖人が法然上人と一緒におられたのはわずか六年です。親鸞聖人は吉水《よしみず》教団から放り出されて五濁《ごじょく》の世に、罪人として身を置かされた。これは容易なことではないでしょう。その中で、おそらく法然上人を通しての本願との出遇《であ》いが問い返されたのではないでしょうか。一度の真実との出遇いは、その出遇いを明らかにする方向に進む以外にはないと言っていいのでしょう。かけがえのないものに出遇ったわけですから。かけがえのないものに出遇ったということは、逆に言えばそれがなければ生きていけないものに出遇ったということです。法然上人を通して出遇い得た念仏とは何なのか。あの喜びとは何なのか。ごまかしのないところまで尋ねていかれた。そういうことがあったのではないでしょうか。

それまで、親鸞聖人が身を置いておられた所は吉水教団という恵まれた環境です。そこで、念仏は有り難いといただいていくことは可能でしょう。しかしそれが、吉水教団から放り出されて時代社会の中に投げ出されたわけです。そうしますと時代と共に救われていく道が明らかにならなければ、自分の完全な救いはないと言わなければならないのではないでしょうか。そこでの迷いの果てしなさと言いますか、時代社会の果てしなさ。そしてまた、その中で戸惑《とまど》う自分の迷いの深さ、そういうものに遭遇《そうぐう》していかれた。こう申し上げていいのではないかと思うんです。そういう親鸞聖人の切羽詰《せっぱつ》まった状況、そういう状況の中で親鸞聖人は、さらなることとして救いを求め明らかにしていかれた。そういうことが、浄土三部経に、真実の教えと方便の教えという意義を明らかにしていかれたところにはあるのではないかと思います。これが親鸞聖人の三部経観の基盤になっているのではないでしょうか。

真実の教

　ここで、『大経』が真実の教として親鸞聖人によって決定されたことの意義を確かめておきたいと思います。そのことを確かめるにつきまして、まず、私たちを救ってくださる真実について、大きく三つあると申し上げてよろしいかと思います。極めて大雑把《おおざっぱ》な言い方になりますけれども、それは、「本願」と「念仏」と「浄土」ということです。これが私たちを救う三つの真実であります。その三つのかたちをもって、真実は私たちを救ってくださると申し上げることができるわけです。法然上人は〝選《せん》択《じゃく》本願《ほんがん》〟でありますから、もちろん本願に立場を置いて教えを説いていかれるわけです。ところが、法然上人の場合、これは善導大師も含めてになりますが、『大無量寿経』というよりも特に『観無量寿経』を立場に教えを説いていかれたわけです。そうしますと、『観無量寿経』には本願のことが二箇所しか出てこないわけです。さらに、『阿弥陀経』になりますと一切出てこないわけです。ですから『観無量寿経』で教えを表現なさっていかれますと、念仏すれば浄土へ往生するのだとして、本願というより念仏往生ということが強調されていくわけです。『観経』と『阿弥陀経』によって教えを表していきますと、本願はその意義がうすくなっていくと言いますか、消えていくことになるわけです。

そしてまた、念仏や浄土は、人間にとって一応わかりやすいということもあります。一番わからないのが本願でしょう。法然上人は本願に立場を置かれて、念仏すれば救われますよと説いていかれたわけです。しかし、法然上人がお亡くなりになり、法然上人から離れていきますと、念仏すれば救われるということのみが強調されていくことになっていったわけでしょう。

そういう中で親鸞聖人は、法然上人を通して開かれた仏教というのはいったい何なのか、一番の根本は何なのかを徹底して極《きわ》めていかれたと、こう申し上げていいのではないでしょうか。法然上人の教えを成り立たせているものが明確にならないと、越後という流罪の地では、信仰が力になっていかないわけでしょう。法然上人もおられて、人々と共に、〝なんまんだぶつ、なんまんだぶつ〟と申しております時は、それで元気が出るように思います。そして救いの世界が開かれたようにも思います。ところが親鸞聖人は流罪の地で一人なのですから、法然上人を縁としてそこに開かれた救いがいったい何だったのか。そのことを成り立たせるものはいったい何なのか。いま私はこうやってぬくぬくとしたところでお話をさせていただいておりますが、親鸞聖人の罪人としての五年間、特に越後の地での最初のころは、まったく孤立した状態だったのではないかと思います。その中で、救いとは何なのか、そういうことを極めていかれたと言っていいのではないでしょうか。

そういう中で、法然上人の教えてくださった中心は本願なんだと明確に定めていかれた。そしてその本願が説かれているのが『大無量寿経』なわけです。『大無量寿経』を真実の教と決定されたということは、法然上人の御法《おみのり》の眼目《がんもく》は本願にあるんだと、そのことが明確になったということでしょう。そしてお念仏というのは何かと言えば、本願が表現された姿です。本願と切り離された念仏があるわけではない。もし本願と切り離された念仏なら呪文《じゅもん》になります。「なんまんだぶつ、なんまんだぶつ」というのは本願が現れてくださっている姿なんだと、そのことが明らかにされた。ですから逆に申し上げれば、念仏が称えられている中に身を置けば、念仏を通してまた私たちは本願に目覚めさせていただくことができる。本願と念仏は鶏と卵のようなものです。本願は南無阿弥陀仏という姿を取り、姿を取ってくださっているから念仏が称えられている中に身を置いていけば、おのずから私自身が本願に目覚めさせていただけるようになる。そういう道理です。ここで一言、「本願」ということについて、宗《そう》正元《しょうげん》という先生が教えてくださっていますお言葉をご紹介させていただきますなら、先生は本願について、「迷ったり悩んだりして生きてきた人々の中から湧いてきたいのち」という表現で、教えてくださっています。

さあそして、お浄土というのはどこかにある世界ということではなくして、その本願が開いてくださる世界、それが浄土。あるいは本願が開いてくださる生活です。そういうこととして、法然上人が教えてくださったお念仏の御法が明確になった。これが、親鸞聖人が『大無量寿経』が真実の教であると決定くださったことの大事な意義だと、私はいただいています。ですから、本願から外《はず》れますと、浄土は死んでから行くのではないかとか、お念仏はたくさん称えた方がいいのではないかということになっていくわけでしょう。

現在の救い

そして浄土が、本願が開いてくださる世界であり生活であるということは、単に未来に救われるのではなく、本願によって現に救いの世界が開かれてくるのだということです。そういう意味で、本願が根本であるということが明らかにされたことは、救いが現在のこととして明らかにされたことと一つのことです。本願が開いてくださることとして救いが明らかにされた。本願が開いてくださるわけですから、私がこれから何処《どこ》かへ行ってという話ではありません。本願と浄土は不離であります。離れない。そしてまた、念仏につきましても、本願を離れて念仏ということになりますと、どうしても念仏の行を積んで、やがて浄土に生まれるということになります。それは、結局、命終わって浄土へ行くということになっていきます。

ここで、それでは本願はどのようにしていただかれるのかということに関して確めさせていただいておこうと思います。

蓮如上人という方がこういうことをおっしゃっております。本願との出遇いは「時《じ》節到来《せつとうらい》」としか言えないんだ、と。あるいは安田理深《やすだりじん》という先生がよくお使いになりましたのは、「時熟《じじゅく》」というお言葉です。『蓮如上人御一代記聞書《れんにょしょうにんごいちだいききがき》』というものがありますが、これは、蓮如上人が日頃の生活の中で語られた言葉を中心にまとめられたものです。全部で三一六箇条ありますが、貴重なものです。その中に、「時節到来」ということについて、このようなお言葉が紹介されています。

「時節到来と云《い》うこと。用心《ようじん》をもし、そのうえに事《こと》の出で来《き》候《そうろ》うを、時節到来とは云《い》うべし。無用心《ぶようじん》にて事の出で来候うを、時節到来とはいわぬ事なり。聴聞《ちょうもん》を心がけてのうえの、宿善《しゅくぜん》・無宿善《むしゅくぜん》とも云う事なり。ただ、信心は、きくにきわまることとなる」由《よし》、仰《おお》せの由に候う。（真宗聖典八七四頁）

本願との出遇いは時節到来なんだと。時来《とき》たりなば、必ずかなうんだと。しかし、だからと言って何もせずに待っていれば時がくるかというとそういうことはない。そこには用心をせねばならない。用心というのは心を用《もち》いなければならないということです。その心を用いるということは何かと申しますと、聴聞を心掛《が》けるということだと。聴聞にきわまる、これが用心の内容です。教えを聞くということです。もう一つ申し上げさせていただければ、本願に生き、お念仏を申しておられる方々の中に身を置く。これが用心ということでしょう。そのようにして、本願との出遇いは時と縁によるということです。私たちの能力は関係がないということです。それを、蓮如上人は時節到来とおっしゃっているわけです。

二　『阿弥陀経』

経典翻訳者

それでは、『阿弥陀経』に入っていきたいと思います。冒頭にはこの『阿弥陀経』を訳された方のお名前が、「姚秦《ようしん》の三蔵法師《さんぞうほっし》鳩摩羅什《くまらじゅう》、詔《しょう》を奉《うけたまわ》りて訳す」と記されています。姚秦というのは中国の国の名前です。『阿弥陀経』が訳された時の国の名前です。ほぼ四、五世紀のころの国です。大事なのは、その次の「三蔵法師鳩摩羅什」です。鳩摩羅什という方が「詔を奉りて」、中国ですから天子の命《めい》によって、『阿弥陀経』を訳されたわけでしょう。

そこに三蔵法師とあります。普通は三蔵法師と言いますと、『西遊記《さいゆうき》』の玄奘三蔵《げんじょうさんぞう》のことのように思われておりますけれども、特定の人を指しているわけではなく、経典などを訳された方のことを三蔵法師と言います。ですから、これは普通名詞です。経典翻訳者、翻訳なさった仏教者のことです。三蔵というのは何かと申しますと、経典と律《りつ》と論《ろん》のことです。しかし、経典だけを訳しても三蔵法師と言うわけです。論だけ訳しても三蔵法師と言うわけです。そうしますとそこに、仏教がどのようにして学ばれてきたのかということが表されていると思います。と言いますのは、律というのは法律の律、僧伽《さんが》、今日的に言えば教団と言っていいでしょうが、教団の取り決め、法律です。ですから経典を訳した人を三蔵法師と呼ぶところには、仏教は個人的に学ばれてきたのではない。僧伽の中で、つまり教えを求める人々と共に、その流れの中で学ばれてきたのだということが表されていると言っていいのではないでしょうか。そういうことで三蔵法師と言うわけでしょう。

よく知られております玄奘三蔵よりも鳩摩羅什は二百年ぐらい前の人で、大変な仕事をなさった方です。『法華経《ほけきょう》』もそうですし『阿弥陀経』もそうですが、たくさんの経典・論を四百年代に訳されました。この鳩摩羅什という方はいまのウイグル自治区、亀茲国《きじこく》から拉致《らち》されて連れてこられた方です。そして、出家者でありながら無理やり結婚させられて、天子の命令でさまざまな経典を訳したのが鳩摩羅什という方なのです。そういう非常に屈辱的な思いをされた方です。そういう意味では、鳩摩羅什には『阿弥陀経』、浄土として救いの世界が説かれていますす浄土経典に非常に親しいものがあったのではないでしょうか。

序分について

おおよそ経典と言われますものは、「序分《じょぶん》」、それから「正宗分《しょうじゅうぶん》」、「流通分《るずうぶん》」と、この三つの部分から構成されています。正宗分というのは、本文と言ってよろしいでしょう。流通分と申しますのは、今日でいう流通《りゅうつう》と同じような意味です。後の世にまで、その経典が相続されていくようにという願いの意《こころ》が説かれている部分です。経典は、まずは大きくそのように、序分・正宗分・流通分の、この三つの部分から成《な》っています。

そして序分には、証信序《しょうしんじょ》と発起序《ほっきじょ》という二つの内容の序があるのが普通です。証信序というのは、この経典が仏説として信じることができることの証明をしている序です。そして発起序は、お釈迦さまの説法を呼び起こした、発起せしめた、その縁が説かれている序分です。何が縁となってお釈迦さまはお説きになられたのか。縁が説かれておりますのが発起序です。

そうしますと、私たちは正宗分が大事だろう、序分はまあ、適当にさっと読んでおけばいいのではないかと思うわけです。もちろん正宗分は大事ですが、同じ重さにおいて序分も大事ですし、流通分も大事なのです。ですから、私が学生の時に序分の分は〝文〟ではないと教えられました。それぞれに役割を分担しているわけです。序分が軽くて正宗分が重いとか、正宗分が軽くて序分が重いとかそういうことはないんだと、それぞれに大事なことが説かれている。ですからそういう意味では、序分が正宗分を決定しているわけです。

無問自説経

ところで、『阿弥陀経』は独特の序分になっているわけです。発起序がないんです。これが大きな特徴です。縁なくして説かれたということです。普通、経典は求められて説くとか、何らかの縁を受けて説かれるわけです。たとえば、『大無量寿経』ならば阿難《あなん》という仏弟子です。『大無量寿経』が説かれようとする時に、「光顔巍巍《こうげんぎぎ》」とした釈尊との呼応《こおう》の中で阿難が起《た》ち上がったわけです。そして阿難が、自らを起ち上がらせた心は何なのか。そしてまた、どうして今日のお釈迦さまはそんなに輝いておられるのか、そのことを問う、阿難の問いから始まるのが『大無量寿経』です。そしてまた、『観無量寿経』は、韋提希夫人《いだいけぶにん》がお釈迦さまを前にして、「私は仏さまの力によって、阿弥陀の世界を見ることができました。しかし、仏さまがいなくなられた後の衆生は、どのようにして阿弥陀の世界を見ることができるのでしょうか」（真宗聖典九五頁 取意）と問うわけです。その問いを受けるかたちでお釈迦さまは説いていかれるわけです。

ところが『阿弥陀経』には発起序がないのです。お釈迦さまが勝手に説いていかれたかたちになっています。そのようなことで、親鸞聖人は『一念多念文意《いちねんたねんもんい》』という著書の中で、『阿弥陀経』について、

「一日《いちにち》、乃至《ないし》七日、名号《みょうごう》をとなうべし」と釈迦如来《しゃかにょらい》ときおきたまえる御《み》のりなり。この経は「無問自説経《むもんじせつきょう》」ともうす。この経をときたまいしに、如来にといたてまつる人もなし。（真宗聖典五四〇頁）

として、求められずに釈尊が説かれた、問いを受けずに説かれた。こうおっしゃっているわけです。そして「無問自説経」だとおっしゃっています。しかし、これはどういうことなのでしょうか。縁もないのに言葉を発するということは普通ないです。それだったら一人しゃべりです。そうしますと、これは『阿弥陀経』のテーマなんですけれども、『阿弥陀経』を貫いておりますものは信仰の苦悩なのです。信仰の悩みです。私は信仰の悩みということが、そこにはあるのではないかと思うわけです。

難信の法を説く

どういうことかと申しますと、一度依《よ》って生きる真実に出遇ったんだけれどもそれがわからなくなっていく、それがはっきりしなくなっていくという問題です。そういう問題が『阿弥陀経』のテーマです。ですから、舎利弗も一度は釈尊の教えに感銘したのでしょう。ところが、一度感銘したことが失われていったわけでしょう。出遇いがはっきりしなくなっていった。『阿弥陀経』を貫いておりますのは「難信《なんしん》」という問題なのです。この難信というのは、わからないというのではありません。わからないというのはまだ出遇っていないところからの疑問です。それに対して、一度はわかった、いただけた。そのいただけたことが容易に受け止められなくなっていく、それが難信という問題です。『阿弥陀経』の正宗分の一番最後をご覧いただきますと、

舎利弗、我《わ》がいま諸仏《しょぶつ》の不可思議《ふかしぎ》の功徳を称讃するごとく、かの諸仏等も、また、我が不可思議の功徳を称説して、この言《ごん》を作《な》さく、「釈迦牟尼仏《しゃかむにぶつ》、能く甚難《じんなん》希有《けう》の事《じ》を為《な》して、能く娑婆国土《しゃばこくど》の五濁悪世《ごじょくあくせ》、劫濁《こうじょく》・見濁《けんじょく》・煩悩濁《ぼんのうじょく》・衆生濁《しゅじょうじょく》・命濁《みょうじょく》の中にして、阿耨多羅三藐三菩提《あのくたらさんみゃくさんぼだい》を得て、もろもろの衆生のために、この一切世間に信じ難き法を説きたまう」と。舎利弗、当《まさ》に知るべし。我《われ》五濁悪世に

して、この難事《なんじ》を行じて、阿耨多羅三藐三菩提を得て、一切世間のために、この難信の法を説く。これをはなはだ難《かた》しとす。

（真宗聖典一三三頁）

とございます。ですから、『阿弥陀経』を貫いておりますものは衆生からしますと難信という問題です。本願が明確に依って生きる心としていただけない。そのように難信の課題を抱えている衆生に対して、いま一度信心を回復させようとしてくださる。そのような非常に困難なことをお釈迦さまがなさってくださる経典です。釈尊からしても容易なことではないわけです。衆生からすると「難信」なんですけれど、仏さまからしても「難事」なのです。これが『阿弥陀経』のテーマです。ですから私は、発起序がないということ、問いなくして説かれたということ、問う人がいなくて説き出されたというのは、このことに関係しているのではないかと思うのです。

どういうことかと申しますと、信仰の苦悩というのは言葉にはなかなかできないのでしょう。一人ひとりにおいて抱え続けていくものでしょう。そう簡単に言葉にできるというものではなくて、耐え忍びながら、「はっきりしない」と。これが信仰の苦悩ではないですかね。特に、舎利弗は智慧第一《ちえだいいち》で、お釈迦さまのお弟子さまの中でも代表的なお弟子さんです。その主《おも》なお弟子さんがなかなか受け止められないということとは、そう簡単に言葉にできないでしょう。しかし、その苦しみが舎利弗の表情には出ているわけです。口にはできないけれども、信仰に悩んでおるなと。そのように、お釈迦さまが舎利弗の表情をご覧になって説き出されたんだろうと。そのことを私は、特に『阿弥陀経』正宗分の出だしに感ずるんです。

仏大悲の教説

その時に、仏、長老舎利弗《ちょうろうしゃりほつ》に告げたまわく、「これより西方に、十万億の仏土《ぶつど》を過ぎて、世界あり、名づけて極楽《ごくらく》と曰《い》う。（真宗聖典一二六頁）

とあります。この教説の全体、特に「名づけて極楽と曰う」という言葉が、信仰の悩みを抱えている舎利弗に対する言葉ではないでしょうか。これは、仏教学の先生に教えていただいたんですが、鳩摩羅什が訳している経典の中で「極楽」というのは『阿弥陀経』にしかないんだとおっしゃっていました。「安楽世界《あんらくせかい》」などの言葉はあるけれど、「極楽」というのは『阿弥陀経』にしかないと。このお釈迦さまの説かれ方が、舎利弗の苦悩に応答しているというふうに受け止められるのではないでしょうか。悩みを抱えている舎利弗にとって「これより西方に、十万億の仏土を過ぎて、世界あり、名づけて極楽と曰う」という釈尊の言葉は、その言葉だけでも何か一つの光を感じさせられるような、そういう教説であったのではないでしょうか。そういうことで申しますと、無問自説ということには観音菩薩《かんのんぼさつ》の「観音」と通ずるものを感じます。

観音菩薩、観音というのは、人間の悩みを受け止める菩薩の名前として、素晴らしい名前だと思います。音を観るわけです。『観音経』という経典がありますけれども、もともとは『法華経』の中の一章です。そこを見ますと、「音声《おんじょう》を観る」とあります。声にすることのできない人々の苦悩の声を表情から聞き取っていかれたということでしょう。そのことと無問自説ということは、どこか通じるところがあるのではないでしょうか。

釈尊の教説の出発点がそういうところから始まっていくということで、私は無問自説というのは、舎利弗は言葉にできなかった。しかし舎利弗の表情からお釈迦さまは舎利弗の信仰の苦悩を受け止められて、そして〝舎利弗、舎利弗〟と三十六回も呼び続けて、お説きになっていかれる。そういう意味で私は、経典全部がそうだと言ってもいいんですが、特に『阿弥陀経』は、釈尊大悲《だいひ》の教説だということを思うわけです。

　そうしますと、身近なところで申しますと、『歎異抄《たんにしょう》』第九章と重なります。第九章は、

「念仏もうしそうらえども、踊躍歓喜《ゆやくかんぎ》のこころおろそかにそうろうこと、またいそぎ浄土へまいりたきこころのそうらわぬは、いかにとそうろうべきことにてそうろうやらん」と、もうしいれてそうらいしかば、「親鸞もこの不審《ふしん》ありつるに、唯円房《ゆいえんぼう》おなじこころにてありけり。　（真宗聖典六二九頁）

という言葉から始まっています。『阿弥陀経』とどこか通ずるものがあるのではないでしょうか。唯円さまは、「念仏申すけれども踊躍歓喜のこころがおろそかである」と。おろそかということは、一度は念仏に大きな喜びを持たれたわけでしょう。そして、「またいそぎ浄土へまいりたきこころのそうらわぬは」と。これはどういうことかと申しますと、後の方の文章を読みますと、浄土を本国《ほんごく》とできないということなのでしょう。病気になると死ぬのが恐ろしい、そういうこととして親鸞聖人は唯円さまの問いを受け止めておっしゃっています。唯円さまとしては思い切って尋ねられたのでしょうね。それに対して親鸞聖人は、「親鸞もこの不審ありつるに、唯円房おなじ

こころにてありけり」と。いまあなたが問うた問いは、この親鸞もずっと持ち続けている不審なんだと。こう受け止められて、そしていま一度お二人して本願に立ち返っていかれるわけです。

そして最後にもう一つ、先ほどの『一念多念文意』の「『一日、乃至七日、名号をとなうべし』と釈迦如来ときおきたまえる御のりなり。この経は「無問自説経」ともうす。この経をときたまいしに、如来にといたてまつる人もなし」、そこの「ときおきたまえる御のりなり」というのが、私たちにとっては有り難い言葉だと思います。私たちに『阿弥陀経』の心がいただける時は、信仰の悩みを抱えていることに気づいた時でしょう。その時に、「ああ説いておいてくださったのだな」と、こういうかたちで受け止められる経典が『阿弥陀経』ではないかと思うのです。

ですから、『阿弥陀経』は難《むつか》しいことは全然おっしゃっておられないんです。正宗分の内容としては、浄土を讃嘆しておられるということと、その浄土への念仏による往生をすすめておられる、その二つだけです。極めて辛《つら》い状態でも保てる内容の経典が『阿弥陀経』です。その『阿弥陀経』を重要視なさったのが、七高僧《しちこうそう》の中でも特に善導大師です。そして、それを受けて親鸞聖人です。善導大師は、日々に『阿弥陀経』を読誦し続けられた方です。また、人々にも『阿弥陀経』を読誦することをすすめられた方です。その善導大師には、親鸞聖人がおっしゃっておられる「ときおきたまえる御のりなり」として、『阿弥陀経』をお説きくださった釈尊との深い呼応がおありになったということでしょう。「よくぞ説いておいてくださったなあ」ということです。私たちは短い経典だから有り難いと思うんですが、そんなことではなくて、よくぞ説いておいてくださったと。そのようにいただかれる経典が『阿弥陀経』だと申し上げてよろしいのではないでしょうか。

三　証信序

六成就

「発起序」に対して「証信序」と申しますのは、ほとんどの経典が共通した内容を持っています。その経典が、間違いなく仏説であると信ずることができることを証《あかし》ている序分です。もう一つ言えば、仏さまは、何をお説きになるのかと言うと、法をお説きになる。私たちが依って生きる真実をお説きくださる。「法に依れ」というのが、お釈迦さまの最後の説法でありましょう。「他に依るな、法に依れ」と。ですから仏説であるということは、依るべき法が説かれているということです。「法」という言葉も、いろいろな意味で使われますから、わかりにくい言葉ですが、この場合は〝依って生きるまこと〟という意味でしょう。いろいろな問題を抱えながら生きている私たちが、どのような時にも依ることができる、真実の法を説いてくださっているのが経典です。そのことからしますなら、「証信序」とは、この経典が間違いなく法が説かれている経典であることを証明してくださっている序分ということです。

それで、「証信序」に説かれている内容は何かと言いますと、「六成就《ろくじょうじゅ》」あるいは「六事成就《ろくじじょうじゅ》」というように言われます。六つのことが成立しないことには仏説は成り立たない、法は説かれない。六つのことが成就したところに初めて法は説かれていくんだということです。

一つは信成就《しんじょうじゅ》、これは『阿弥陀経』では「如是《にょぜ》」です。そして聞成就《もん》、「我聞《がもん》」です。それから時成就《じ》、「一時《いちじ》」です。それから主成就《しゅ》、「仏《ぶつ》」。それから処成就《しょ》、『阿弥陀経』では「祇樹給孤独園《ぎじゅぎっこどくおん》」です。それから衆成就《しゅう》、「大比丘衆《だいびくしゅ》」から「証信序」の終わりまで。これが六成就と言われているものです。

かくのごとき、我《われ》聞きたまえき。一時《ひととき》、仏、舎衛国《しゃえこく》の祇樹給孤独園《ぎじゅぎっこどくおん》にましまして、大比丘衆千二百五十人と倶《とも》なりき。（真宗聖典一二五頁）

と。「如是我聞」の「如是（かくのごとき）」が信だということは何でもないことのようですが、仏教の特徴を表しているのではないでしょうか。「如是」というのは、〝なるほど〟と、仏陀のお説きになられたまことがなるほどといただかれたことを信と言うわけです。普通は私が、仏さまなら仏さまを信じる。あるいは神さまなら神さまを信じる。そういうことを信と言います。しかし、そうではないんだと。仏さまがお説きくださっていることをなるほどと頷《うなず》く、それを信と言うんだと。このことは、私たちにはわかりにくいのではないでしょうか。そういう意味で「如是」が信だというのは、仏教をいただいていく上で大事な点です。そういうことで言いますと、仏教の法

（真実）というのは教えを聞いたところに頷《うなず》かれる内容です。それが私を救ってくださる。「如是」が信だと。〝なるほど〟と、そのように頷かれた内容が喜びを開いてくるわけでしょう、救いを開いてくるわけでしょう。そういう意味では、如是が信だというのは非常に大事な事柄ではないでしょうか。そして「我聞」は仏さまの教えを聞くことができた、ということです。

その次が時成就、「一時《じ》」ですね。時ということについて、仏教には二つの使い方があると教えられています。古代インドの言葉、サンスクリット語で「カーラ」と「サマヤ」の二つです。ですから、経典の中で時という言葉の原語がカーラとなっている時とサマヤとなっている時との二種類があるわけです。『大無量寿経』でも時という語が出てきた時には二種類の原語があるんです。それを同じ「時」と訳すわけです。そうしますと、カーラというのは「実時《じつじ》」と言われます。それに対してサマヤというのは「仮時《けじ》」。これは特別な言葉ですから何のことかと思われるかもわかりませんけれども、実時というのは実際の時間、時計の時間です。何月何日何時という、それがカーラだと。それに対してサマヤ、仮時というのは、「因縁和合《いんねんわごう》の時」という意味です。何月何日何時というわけではありません、「時」において、そのことの全体を統括《とうかつ》する。そのような意味での時です。

そういう意味でこの「一時」というのは、六つの事柄全体をまとめる意味を持っている時だと言っていいのではないでしょうか。この時がありませんと、信成就、聞成就、主成就、処成就、衆成就それぞれがバラバラになるんです。「一時」という一言によって全体がひとまとまりになる。そういう意味で因縁和合の時。先ほども申しましたが、そのような意味での時を、安田先生は「時熟」と、蓮如上人は「時節到来」とおっしゃっています。この六つの事柄、「時」は入れずに五つの事柄と言った方がいいかもしれませんが、五つの事柄が時来たって満ちたと。そういう意味での時です。六つの条件がととのって、いよいよ法が説かれるべき時がきたと、そういう意味の時です。ですから何年何月何日という意味の時ではありません。

そして、主成就というのは「仏」です。仏さまがいらっしゃらないと仏法はそこに開かれてこない、法が開かれるということはありえない。それではこの場において仏さまにあたるものは何かと言うと、『阿弥陀経』でしょう。『阿弥陀経』が仏でありましょう。『阿弥陀経』があることによって、そこに法が学ばれ、法が開かれる会座《えざ》だということがあるのではないでしょうか。そういう意味で当然この主《しゅ》がないことには、仏法が学ばれる場所と言うことはできないわけです。

『阿弥陀経』はどこで説かれたか

以上の、「如是我聞　一時仏」というのはほとんどの経典に共通なのですが、特にその経典の内容を決定するものは次の処成就と衆成就なんです。一体その経典はどこで説かれたのか、誰に向かって説かれたのか。この二つのことが経典の中身を決めていくわけです。浄土三部経の中でも、『大無量寿経』が説かれたのは霊鷲山《りょうじゅせん》です。霊鷲山というのは、多くの仏教の経典が説かれた場所です。また、『観無量寿経』は王宮《おうぐう》です。いわば一家庭です。そうしますと、『大無量寿経』と『観無量寿経』ではおのずから説かれる内容が違ってきます。説かれるものは同じ法なんですけれども、その法の説かれ方、法を説く視点が変わってくるわけです。説かれた場所から、『大無量寿経』は法の公開をテーマとする経典であり、『観無量寿経』は、法の真実性を現実の場所に証《あかし》する経典であるといただかれます。

それでは『阿弥陀経』はどこで説かれたのかと申しますと、「祇樹給孤独園《ぎじゅぎっこどくおん》」です。『平家物語』で有名ですが、いわゆる祇園精舎です。浄土三部経はそれぞれに、説かれた場所が大事な意味を持っているのでしょう。『阿弥陀経』の場合、この「祇樹給孤独園」という場所は重要な意味を持っていると、私はいただいています。「祇樹」というのは、祇陀《ぎだ》という太子《たいし》の樹林という意味です。「給孤独」というのは、当時、人々から給孤独長者と呼ばれていた人のことです。つまり祇陀太子と給孤独長者との、二人によって寄進された園ということです。祇陀太子と給孤独長者、二人に縁のある場所が「祇樹給孤独園」です。そこには一つのいわれが伝えられています。給孤独長者というのは文字通り、孤独な人に対する救済活動をしていた長者のことで、本当の名前は須達多《すだった》と言います。親のいない子供（孤）、そして一人住まいの老人（独）そういう人々に対する救済活動（給）を行っていたというところから須達多のことを当時、人々が一般に給孤独長者と呼んでいたのです。

それでその給孤独長者が、ある時、お釈迦さまのお話を聞き、大きな感銘を受けたわけです。大きな喜びを得て、それで仏さまがお住まいになる住居を寄進しようと。また、その場所でお釈迦さまのお話を人々に聞いてもらえるように、そういう場所を寄進しようと、こう思い立たれたわけです。それに相応《ふさわ》しい場所は、祇陀太子の持っている樹林がいいと。そういうことで祇陀太子に、そこを譲《ゆず》ってくれるよう申し出たわけです。すると祇陀太子が、そうか、それなら欲しいだけの土地に金貨を敷き詰めたならばその分を譲ろう、と言う。そうしたら長者は本当に金貨を敷き詰めだしたというんです。ですから祇陀太子はビックリしてしまって、わかったそれでは一緒に寄進しようということで、二人が協力して開かれた場所が祇樹給孤独園であり、そこに建てられた精舎、建物が祇園精舎。そういう由来の場所なんです。

祇樹給孤独園が表しているもの

それでは、祇樹給孤独園という場所は何を表しているのかということについて、申し上げさせていただきたいと思います。これは前にもふれましたが、『阿弥陀経』の最後の一段と関係していると受け取っています。「舎利弗、当《まさ》に知るべし。我五濁悪世にして、この難事を行じて、阿耨多羅三藐三菩提《あのくたらさんみゃくさんぼだい》を得て、一切世間のために、この難信の法を説く。これをはなはだ難しとす」（真宗聖典一三三頁）、これで正宗分が終わるわけです。『阿弥陀経』に説かれている法は難信であると。一度いただいたとしてもまた受け取れなくなっていく、「難信の法」だと。そして、その「難信の法」を衆生に、仏さまがなんとか受け取らせようとなさるのが『阿弥陀経』であり、そのことは仏さまからしても難事なんだと。そういう意味では、本願をいただくことの容易ならなさが最後に説かれているわけです。我われ衆生からすれば難信。仏さまからすれば難事。そのことが祇樹給孤独園という場所が表している意味と関係していると私はいただいているわけです。

祇樹給孤独園という場所はいま申しましたように、孤独な人々の救済活動をしていた長者が、仏さまの話を聞いて祇陀太子と共に寄進をされた場所ということです。そこから二つの問題が浮かび上ってくると思うんです。一つは、いままで孤独な人々の救済活動をやっていた長者が仏さまのお話を聞いて感銘を受け、精舎を寄進したわけですから、そのことが表している意味は、人間は状況的な救いだけでは満たされないものを抱《かか》えているということです。よく知られている言葉に、「マタイ伝」の「人はパンのみにて生きるにあらず」という言葉があります。私が持っています『聖書』では「人はパンだけで生きるものではなく、神の口から出る一つ一つの言《ことば》で生きるものである」（『聖書』日本聖書協会一九六八年刊）となっています。この言葉は、今日でも響きを失わないですよね。そういう深い要求を我われは抱えているんだということです。曽我先生も「命より尊いものがなければ命の尊さは分からない」（『曽我量深先生の言葉』津曲淳三編七頁・大法輪閣刊）とおっしゃっています。そういうところに、人間の持っている要求とか抱えている問題の深さがあるのではないでしょうか。

そういう深い要求に応《こた》えるものが宗教だということを、私たちに近いところで教えてくださっている方が清沢満之という先生です。清沢先生は宗教とは何かということについて、「パンの為《ため》、職責《しょくせき》の為、人道の為、国家の為、富国強兵《ふこくきょうへい》の為に、功名栄華《こうみょうえいが》の為に宗教あるにはあらざるなり。人心《じんしん》の至奥《しおう》より出ずる至盛《しじょう》の要求の為に宗教あるなり。宗教を求むべし、宗教は求むる所なし」（『定本清澤満之文集』三九六頁・法藏館刊）とおっしゃっています。このことを富国強兵に邁進《まいしん》している明治の時代状況の中で言われるということは大変なことでしょう。そして「宗教を求むべし、宗教は求むるところなし」と。そういう深い要求を抱えている人間に宗教は求められるためにあるのであって、宗教が人間に何かを要求することはありえない。どんな人でも至奥《しおう》の要求が兆《きざ》してきた時に、求められるために宗教はあるんだとおっしゃっています。私が若い時に感銘を受けた言葉の一つであります。

「四苦八苦」ということ

状況的な対応だけでは解決がつかないということに関して、いま一つさらに申しますと、私たちは状況的な救済、物質的な条件がどれだけととのったとしても解決のつかない問題を、一人ひとりが抱えて生きているということがあるわけでしょう。「五《ご》苦《く》」ということを前にも申しましたけれども、「四苦八苦《しくはっく》」ということはそういうことを教えているわけでしょう。四苦八苦といわれる苦というのは、状況的な対応だけでは解決がつかない問題を、人間は抱えているということです。四苦は生老病死です。そして八苦は、さらに「愛別離苦」、愛する者との別れ。「怨憎会苦《おんぞうえく》」は、嫌な人とも一緒に生きていかざるをえない苦しみ。「五蘊盛苦《ごうんじょうく》」、五蘊というのは私たちを構成しております心身の五つの要素です。それが盛んであることの苦しみ、これは心身を持て余《あま》す苦として私は受け止めています。そして「求不得苦《ぐふとっく》」、求めたものが得られない苦しみ。これらはどれだけ状況がととのえられたとしても決してなくならない問題、解決がつかない問題でしょう。そういう問題を抱えて生きていることを教えているのが仏教です。

そういうようなことで、人間は状況的な救済では満たされない要求や問題を抱えて生きている。そういう人間が、「これに依って」と言える真実を見出してきた。そしてさらに、その真実によって開かれる生き方はどういう生き方であるのか、それを明らかにしてきたのが宗教だと、こう申し上げていいのではないでしょうか。

お念仏の御法《おみのり》では、そのような真実が本願念仏という言葉で表されているわけです。状況的な救いを求めていく在り方においては満たされない、私たちが抱えている要求が応《こた》えられていく真実、あるいは、状況的な救済だけでは解決がつかない問題が思いがけないかたちで応えられていく真実、そういうものが見出されてきた。これは奇跡的とも言えることだと言ってもいいのではないでしょうか。そのことが、例えば『大無量寿経』では、そういう真実が人間に受け止められるまでに「五劫《ごこう》」という永《なが》い時間がかかったと説かれているわけでしょう。ですからそれは、人間を立場にして言いますなら、永い間人々が要求や問題を抱えて生きてきた、そのいとなみが見出してきた真実であると申してもいいわけでしょう。

現実と宗教のはざまで

さあしかし、そういうことであるとして、また一方で宗教の真実に依って生きるということはそんなに簡単なことかと言いますと、そうではないということがあるわけです。それが、いま一つの祇樹給孤独園という場所が表している意味です。そしてそこに、『阿弥陀経』がテーマとしている問題があるわけです。そんなに簡単に宗教の真実に依って立てるのならば「難信」という問題は起こってこないわけです。「難信」ということは、そんなに簡単に宗教の真実には立てないということを意味していますす。どういうことかと申しますと、今度はこれまで申してきましたこととは逆に、状況的な課題が宗教の信を問うてくるわけです。その問題が『阿弥陀経』の中心テーマになってくるわけです。そういう問題を、『阿弥陀経』では「難信」の問題として取り上げ、克服《こくふく》せしめようとしてくださっている。このようにいただいているわけです。そこに『阿弥陀経』が説かれた場所が「祇樹給孤独園」であることの、いま一つの大事な意味があるわけでしょう。

ひとたび本願に生きようと、こう思い立ったとしても、その人が現実のさまざまな問題の中で本願を見失っていく。本願に生きる自信を失っていく。どういうかたちで失っていくのかと申しますと、特に人間の現実的な苦しみとか悩みの状況に直面する中ではないかと思います。そのような問題に直面する中で、本願に立つことへの自信を失っていく。信仰よりも目の前の状況的な問題を何とかしなくてはいけないのではないかと、そちらの方に思いがとらわれていくということです。そういう問題が「祇樹給孤独園」という場所が提起しておりますもう一つの意味でしょう。『阿弥陀経』という経典は、そのような問題を問題として受け止めながら、いまひとたび私たちを本願に立ち返らせようとしてくださっている経典だと申し上げていいかと思うんです。そういう意味で『阿弥陀経』というのは、現実と宗教とのはざまに立っているような経典であると言っていいのではないでしょうか。

会座に集う人々

次が「衆成就」です。『阿弥陀経』の会座《えざ》に集っておられる方々のことです。その方々は、「大比丘衆千二百五十人と倶《とも》なりき。みなこれ大阿羅漢《だいあらかん》なり」と説かれていますが、「阿羅漢」とは悟りを開いた人のことです。そして、「衆《しゅう》に知識せられたり」、よく知られている方々だと。そして、「長老舎利弗・摩訶目犍連《まかもっけんれん》…」、それからずっといきまして、「薄拘羅《はっくら》・阿㝹楼駄《あどろうだ》、かくのごときらのもろもろの大弟子」とあります。まず、十六人の実在の仏弟子の名前が出ているわけです。代表的な仏弟子です。

それに先立って、はじめに「千二百五十人」とあります。この人数につきましては善導大師が、『観経』にも「大比丘衆千二百五十人と倶なりき」（真宗聖典八九頁）とあるところから、『観経』でのその根拠を示しておられます。しかし私は、案外、会座におられたのはこの十六人だったのではないかとも思うのです。これは、私なりの了解ですが、集っている一人ひとりの仏弟子の背景には家族がいるのでしょうし、その他に縁のある人々を抱えておられますでしょうから、そういうことも含めて千二百五十人と言われているのではないかと思うのです。

ここで、説かれております仏弟子の中の三人だけご紹介しておきたいと思います。舎利弗は、後に申しますので飛ばしまして、「摩訶目犍連《まかもっけんれん》」、目連《もくれん》です。舎利弗と無二の親友、生涯の親友だったと言われている人が目連です。目連というのはどういう人だったかと言いますと、神通第一《じんづうだいいち》と言われた人です。非常に秀《ひい》でた身体的能力を持っていた人だと言っていいのではないでしょうか。人の心がわかる他心通《たしんつう》とか、その方がどういう一生を歩んでこられたかわかる宿命通《しゅくみょうつう》とか。あるいは自分の行きたいところへ、たちどころに行くことができる神足通《じんそくつう》とかです。六神通と言われますが、そういうずばぬけた身体的能力を持っていた人なのでしょう。そして、そのような神通の中で一番大事なのは漏尽通《ろじんつう》、煩悩が尽きた状態を保つことができる能力です。それは、他の神通を悪用するのではなくて、そのことを無私な心で行うことができるということです。そういう身体的能力に秀でた方が目連尊者であったのでしょう。

その次は「摩訶迦葉《まかかしょう》」です。この方は、釈尊亡き後の教団を統率《とうそつ》なさっていかれた代表的な仏弟子です。仏弟子の中の代表的な人物です。釈尊が亡くなられたあと、経典の編纂《へんさん》、結集《けつじゅう》を中心的になさったのが、この摩訶迦葉という仏弟子です。

その次に、飛ばしまして「阿難」。『大無量寿経』でお釈迦さまは、本願の御法《おみのり》を阿難に説いておられます。どういう方かと言いますと、「未離欲《みりよく》の阿難」と言われております。まして、お釈迦さまのお給仕をずっとしておられたのですけれども悟れなかった。煩悩を離れることができなかった。いわば、お釈迦さまのお弟子さんの中での落ちこぼれでしょう。後から入ってきた人は、次々と悟りを開いていくのですけど、阿難だけは悟りを開けなかったと。しかし、ずっとお釈迦さまのそばにおられた。『大無量寿経』という経典は、その阿難の救済が説かれている経典だと申してもよろしいわけです。阿難は仏弟子の中の凡夫の代表です。いつも悶々《もんもん》と問題を抱えながら、お釈迦さまのそばに身を置いておられた方です。サンスクリット語訳の『大無量寿経』では、会座に集った仏弟子方の名前を挙げたあとに、わざわざ、「これらの仏弟子方は一人を除いてすべて悟りを得た人であった。その一人とは阿難である」と注がついているのです。完全に落ちこぼれとして、はっきりとサンスクリット語訳の『大無量寿経』には説かれています。

その阿難が救われたというのが、『大無量寿経』なんです。本願によって救われたと。そのことを、親鸞聖人は感銘深く、『教行信証』の「教巻《きょうのまき》」（真宗聖典一五二頁）に『大無量寿経』の経文をお引きになって記しておられます。ですから、阿難は本願の御法、真宗が開かれる縁となってくださった大切な仏弟子です。そのようなことで、親鸞聖人は『浄土和讃』の中の「大経意《だいきょうのこころ》」の第一首目に、非常に深い感銘を込めて、阿難の本願との出遇いを詠《うた》っておられます。

尊者《そんじゃ》阿難座《ざ》よりたち　世尊《せそん》の威光を瞻仰《せんごう》し
生希有心《しょうけうしん》とおどろかし　未曾見《みぞうけん》とぞあやしみし
（真宗聖典四八三頁）

これは、『大無量寿経』にもとづいて詠っておられるわけです。尊者阿難が座から起《た》ったと。座から起ったというのは、物理的に起ったという意味ではありません。いままで起ち上がれなかった阿難。次から次へと、遅くから入ってきた仏弟子たちが覚《さと》りを開いていくのに、自分は覚れないと。そういう意味で起ち上がれなかった。その阿難が、『大無量寿経』が説かれようとする会座で起ち上がったというんです。そして、阿難自身が「世尊の威光を瞻仰し」、輝いておられるお釈迦さまを見上げられた。そして、「生希有心」、この言葉に親鸞聖人は、「まれにありかたきこゝろといふなり」と注をつけて意味を取っておられます。阿難は、自らを起ち上がらせた心に驚いたわけです。起ち上がらせた心に、まず驚いた。そして、「未曾見とぞあやしみし」。同時に前にお立ちになっておられるお釈迦さまの輝きに、驚いた。あやしむというのは驚くという意味です。そこから、『大無量寿経』の教説は始まっていくわけです。そして、阿難を起ち上がらせた心とは何か。また釈尊をして輝く釈尊たらしめているものは何か。そのようなかたちで本願が説かれていく。そういう展開になっているのが『大無量寿経』です。そういうことで、摩訶迦葉と対照的な仏弟子が阿難でありあります。まだ、いろいろな仏弟子がおられますけれども、以上にしておきたいと思います。

舎利弗について申し上げるのに先立ちまして、それらの仏弟子のあとに、聴衆として菩薩と諸天《しょてん》が説かれています。このことについて少し申し上げておきますと、菩薩

について は、金子大榮という先生が、どこかで「聞法主観《もんぽうしゅかん》」という言葉でおっしゃっておられたことが記憶に残っています。ようするに、仏弟子の方々の、さらに言えば『阿弥陀経』をいただく、私たちも含めての無数の人々の聞法する主体ということでしょう。仏の教えを聞き受け止める深層の宗教心と言っていいかもしれません。

　そして諸天というのは、私は、私たち人間の願いや理想を象徴するものではないかと思います。私たちは、そういうもろもろの要求や理想を抱えて教えを聞くわけでしょう。そして、仏が説かれる教えによって、そのような要求や理想が私たちの思いを超えて応《こた》えられる。そのことによって、要求や理想が寂滅《じゃくめつ》せしめられていく、そういうことではないかと思います。

　それでは、『阿弥陀経』でお釈迦さまが〝舎利弗、舎利弗〟とお呼びになられてお説きになっていかれる、舎利弗について申し上げさせていただきたいと思います。

対告衆舎利弗

　聴衆として十六名の仏弟子の方々の名前が挙げられておりますけれども、その中で、それぞれの経典において大事なのは、特に「対告衆《たいごうしゅう》」と言われる仏弟子です。対告衆というのは独特の言葉ですけれども、どのような経典も、「皆さん」とか、そういう言い方をして説かれるわけではありません。特定の人に対して説いていかれるわけです。経典によって次々とその対告衆が変わっていく場合もあるでしょうが、浄土三部経の場合は、『大無量寿経』は阿難と弥勒菩薩《みろくぼさつ》。『観無量寿経』は韋提希と阿難尊者。そして、『阿弥陀経』は舎利弗、これが対告衆です。その対告衆とはどういう方なのかと思うのですが、私はお釈迦さまが、その方々に説かれたということと同時に、お釈迦さまの教えを聞くことができた人でもあるのではないかと思います。説法を受け止めることのできた人。その人に、説かれていくわけです。

それでは、舎利弗というのはどういう方だったのか。舎利弗は、先ほどの神通第一の目連尊者と無二の親友であったわけですけれども、その目連とは対照的な方だったようです。目連という方は、おそらく非常に行動的な面を持っていた人だろうと思います。それに対して、舎利弗は智慧第一と呼ばれ、内省的な方だったのではないでしょうか。普通、他の方々は、お釈迦さまのそばにいて、言葉は悪いですけれども、お釈迦さまの悟りを自分の悟りであるがごとく何か喜びに浸《ひた》っていた。そういう方もいたでしょう。しかし、舎利弗は内省的な人ですから、どこかに問題を抱えておられたのではないでしょうか。そして、とことん問題をつきつめなければすまなかった人だったのではないかと思います。それが、『阿弥陀経』の対告衆としての舎利弗という方ではないかと思います。その舎利弗が問題を抱えてくださったおかげで、「難信」という問題に答えてくださる『阿弥陀経』という一巻の経典が説かれるということになったわけです。

安田理深先生は、「信仰の問題は一番〈嘘《うそ》〉が入りやすい。自分に〈嘘〉をつくな。いいかげんに妥協《だきょう》することが自分に〈嘘〉をつくことです。本当に私のような者がうなづくまで聞くことが大事です」（『安田理深選集』第十三巻月報・四頁・文栄堂刊）とおっしゃっています。この場合の嘘というのは、ごまかしということです。ごまかしているということは、本当は自分にわかっているわけです。そのごまかしている問題を問うていくんだと。ごまかさずに徹底して、問題を明瞭にしていくのだと。信仰の問題は、どこまでも、一人ひとりの問題です。自分にとって問題になっていることを、どこまでも問うていく。そして明らかにしていく。そういうことが、大事なのではないでしょうか。それが、舎利弗を通して教えられることです。

四　正宗分

正宗分の内容

それでは、「正宗分」に入ります。経典の本文、中心になる部分と言っていいと思います。「その時に、仏」から「これをはなはだ難しとす」までが「正宗分」(『阿弥陀経』の構成・書き下し文」参照)、経典の中心になる部分です。正宗分には、大きく言いますと二つの内容が説かれています。これは伝統的な表現ですが、一つは、「浄土を讃嘆する」一段。一般的な表現ですと「浄土を説く」と言っていいのでしょう。しかし浄土というのは讃嘆抜きでは表せない、ただ「説く」ということはできないのです。そういう意味で、「浄土を讃嘆する」。一言させていただきますと、『阿弥陀経』の場合は「浄土」ではなく「極楽」と説かれています。しかし私自身、「浄土」という表現に慣れているということもありまして、「浄土」と言うことが多いかと思いますが、その点、ご了承いただきたいと思います。

そしてもう一つは、それを受けるかたちで説かれておりますのが「念仏往生をすすめる」一段です。讃嘆された浄土へどのようにして生まれるのか、念仏を申して生まれるんだということで、念仏往生をすすめてくださっている。ですから、浄土というのは念仏を申す人のところに開かれてくる世界、念仏を申して生まれる世界だと。このことが非常に大事なことになっていくわけです。前半は、浄土を説いてくださっている。浄土を讃嘆なさっておられる。そして後半が、念仏往生をすすめてくださっている。それが『阿弥陀経』の「正宗分」であります。

浄土を讃嘆してくださる一段について、法然上人がこういう言葉で、その教説の意義をお示しくださっております。「まず極楽の依正《えしょう》の功徳」、功徳というのは姿と申し上げてよろしいかと思います。

まず極楽の依正の功徳をとく、これ衆生の願楽《がんぎょう》の心をすゝめんがためなり。

（『和語燈録』真宗聖教全書四・五六三―五六四頁）

と。浄土に生まれたいという思いを私どもに呼び起こしてくださる。そのための教説が極楽を讃嘆するという教えの内容なんだということです。

私たちの関心は、浄土があるのかないのかということではないでしょうか。ところが、法然上人のお言葉を見ますと、『阿弥陀経』を読誦すれば、浄土に生まれたくなってくるとおっしゃっているわけです。それが、経典の持っている力ではないでしょうか。

法然上人のお言葉の中にあります「依正」、これは仏教独自の言葉です。詳しく申しますと、「依報荘厳《えほうしょうごん》、正報荘厳《しょうほうしょうごん》」ということです。「依報」の「依」というのは、文字通り依《よ》るという意味です。衆生が依って生きるところということで、今日の私たちの感覚で言えば環境です。環境としての極楽浄土を「依報」と申します。なぜ「報」がつくのかについては、後ほど申し上げさせていただきます。依報に対しまして、「正報」というのは、これはまさしく主《しゅ》という意味だと思いますが、環境に依って生きる衆生のことです。浄土という環境には、どういう人々がいるのか。浄土の人々のことです。そういうかたちで、『阿弥陀経』では「正宗分」に入りますと、まず、極楽が讃嘆されています。極楽の姿が説かれる。その極楽には環境があり、そこに人々がいる。そういうかたちで説かれていくわけです。

そして、いま一つの一段が、その世界に生まれようではないか。では、どうしたら生まれられるのかというと、念仏を申して生まれていくんだと。こういうかたちで、極《きわ》めて単純に二部から成っているのが『阿弥陀経』の「正宗分」ということになります。

それで、極楽が説かれております前半の箇所では、「宝樹荘厳《ほうじゅしょうごん》」、「宝池荘厳《ほうちしょうごん》」、「天楽《てんがく》」「地華荘厳《ちけしょうごん》」、「化鳥風樹荘厳《けちょうふうじゅしょうごん》」と、四つの荘厳として浄土の姿が説かれています。

そこまでが環境としてと申しますか、環境的表現で浄土が説かれている一段です。ですから、鳥が出てきたり、池が出てきたり、樹が出てきたり、華が降ったり、環境的な表現で浄土が説かれております。読んでまいりますと、非常に美しい表現です。それから、その次に「正報」、つまり浄土におられる衆生が説かれます。それは阿弥陀如来、菩薩、それから声聞《しょうもん》です。『阿弥陀経』では、この三種類の人々が浄土にはおられると説かれています。そして、その後の「舎利弗、衆生聞かん者」から「流通分」の前「これをはなはだ難しとす」までは、念仏往生をすすめる一段ということです。そのような浄土へお念仏を申して生まれていこうではないかと。量から言いますと、念仏往生をすすめる一段の方がずっと長いです。その最初の出だしだけ読んでみますと、

舎利弗、衆生《しゅじょう》聞かん者、応当《まさ》に願を発《おこ》しかの国に生まれんと願ずべし。所以《ゆえ》は何《いかん》。かくのごときの諸上善人《しょじょうぜんにん》と倶《とも》に一処《いっしょ》に会《え》することを得《う》ればなり。舎利弗、少善根福徳《しょうぜんごんふくとく》の因縁をもって、かの国に生まるることを得《う》べからず。

舎利弗、もし善男子《ぜんなんし》・善女人《ぜんにょにん》ありて、阿弥陀仏を説くを聞きて、名号を執持《しゅうじ》することと、もしは一日、もしは二日、もしは三日、もしは四日、もしは五日、もし

は六日、もしは七日、一心にして乱れざれば、その人、命終《みょうじゅう》の時に臨《のぞ》みて、阿弥陀仏、もろもろの聖衆《しょうじゅ》と、現《げん》じてその前にましまさん。この人、終わらん時、心顛倒《てんどう》せずして、すなわち阿弥陀仏の極楽国土に往生することを得《え》ん。

（真宗聖典一二九頁）

一日であれ、二日であれ、三日であれ、あるいは七日であれ、念仏を申して、そのような浄土へ生まれていこうではないかというところから始まって、「正宗分」の最後までが、私たちに念仏往生をすすめてくださる一段になります。

これまで申し上げてまいりましたように、『阿弥陀経』は、本願に出遇い、本願が開いてくださる世界を、私の救いの世界としていただいていこうと、ひとたびそのように決定したわけですけれども、さまざまな縁の中で、それが保《たも》てなくなっていく。さまざまな縁の中で本願を見失っていくわけです。それは世の中で、一つの生き方を生きていこうとする場合、必ず起こってくる問題ではないでしょうか。そういう問題に応えてお説きくださっている経典なわけです。

そういう問題を舎利弗は抱えておられたわけでしょう。その舎利弗に三十六回も、「舎利弗、舎利弗」と呼び続けていかれるということは、もう舎利弗と、お釈迦さまは一つになっておられると言ってもいいわけです。舎利弗の抱えておられる悩みを、お釈迦さま自身も受け取っておられる。そういう経典が、『阿弥陀経』です。そういうことで、『阿弥陀経』の構成そのものは、極《きわ》めて単純なわけです。もし複雑であるとしますと、いよいよ混乱を深めていくわけでしょう。

ということで、『阿弥陀経』には「極楽」という表現で説かれておりますけれども、浄土を説く、救いの世界を讃嘆するというのが前半の一段です。それからいま一つは、その極楽へ、どのようにして生まれるのか。その世界を、どのようにして自らの救いの世界としていただくことができるのかということで、〝南無阿弥陀仏〟と、念仏申しなさいと、ひたすら念仏をおすすめくださるのが後半の一段。この二つが、『阿弥陀経』の「正宗分」の内容だということです。

浄土とは

本願については、これまでもお話を申し上げたことがございますけれども、浄土については、まだ十分に確かめたことがないものですから、浄土について確かめさせていただこうと思います。『阿弥陀経』では「極楽」となっていますが、極楽という訳は、びっくりするような訳ですね。思い切って訳されたものだと思います。鳩摩羅什という方が訳されたということです。苦しみの中に身を置いておれば、極楽という文字を見ただけでも、何かこう、救われる思いになるくらいのものがある言葉ではないでしょうか。

浄土とか極楽というのは、今日の私たちは心得ていることかと思いますけれども、どこかに実体的にある世界ではないのですね。善導大師のお言葉を紹介しますと、

西方寂静無為《さいほうじゃくじょうむい》の楽《みやこ》には、畢竟逍遥《ひっきょうしょうよう》して、有無《うむ》を離れたり。

（『教行信証』「証巻」真宗聖典二八三頁）

こういう言葉で浄土を表現なさっています。浄土は、有るとか無いとかという実体的な世界ではないのだということです。そのことを「有無を離れたり」という言葉で善導大師は押さえておられます。

それではどういう世界かということについて、親鸞聖人のお言葉がございます。

大悲《だいひ》の誓願《せいがん》に酬報《しゅうほう》するがゆえに、真の報仏土《ほうぶつど》と曰《い》うなり。

（『教行信証』「真仏土巻」真宗聖典三〇〇頁）

言葉は難《むつか》しいですが、言葉の響きを受け止めていけばわからないことはないと思い

ます。「大悲の誓願に酬報する」。本願に酬報するとは、報《むく》いる、応《こた》えるということです。我われ人間の世界のことになりますと、酬報というよりも報酬《ほうしゅう》というわけでしょう。労働に酬《むく》いて賃金が支払われる、それは報酬です。それを親鸞聖人は酬報と。ですから本願に応えて開かれる世界が浄土だということです。

もっと私たちに近づけて申しますなら、本願と申しますのは、これまで申し上げてまいりましたように、一人ひとりのところに、お念仏を申すというかたちで表されてくる真実です。さまざまな問題を抱えている身が教えを学んでいくことの中で「南無阿弥陀仏、南無阿弥陀仏」と申されてくる念仏、それが本願が表れてくださる姿でしょう。蓮如上人は「御《おん》すがた」（『御文』真宗聖典八〇〇頁）とおっしゃっています。そのように、念仏が申されるところに開かれ、恵まれてくる世界だと申し上げていいのではないでしょうか。それを「大悲の誓願に酬報するがゆえに、真の報仏土と曰《い》うなり」という言葉で親鸞聖人が教えてくださっているわけです。

いま一つ、浄土について端的に教えてくださっています曇鸞大師のお言葉がありますので、ご紹介させていただきます。曇鸞大師は、

安楽浄土はこの大悲より生ぜるがゆえなればなり。かるがゆえにこの大悲を謂《い》い

て浄土の根《こん》とす。（『教行信証』「真仏土巻」真宗聖典三一五頁）

とおっしゃっています。大悲が「浄土の根」ですから、浄土は花なのでしょう。大悲が花開いた世界が浄土だと。浄土というのは、どこかにある世界ではなくして大悲、本願に酬《むく》いて開かれる世界である。ですから、私たちに即して申しますと、念仏が申されるところに開かれてくる世界だということでしょう。

では、それはどういう世界か。具体的に言えば、お念仏を申しながら生きておられる方々のところに開かれている世界です。あるいは生活なんでしょう。念仏に生きておられる方々のところに開かれている世界であり生活だと。ですから、私は極《きわ》めて具体性を持っていると思うんです。私たちで言いますなら、親鸞聖人を通して、親鸞聖人の上に表されている世界としていただいていくことのできる世界だということになります。隣のお念仏に生きておられる、おばあさんならおばあさんのところに表されている世界。私たちは、そういうものを浄土とは思いませんけれども、親鸞聖人が教えてくださる浄土というのは、そういう世界でありましょう。親鸞聖人の上に表されている世界、あるいは、親鸞聖人の生活の上に表されている生活内容、それが浄土なのでしょう。あまり決めつけて固執《こしゅう》しますと、実体化されておかしくなりますけれども、そのようなこととしていただかれていく世界だということです。
そのようなことを明らかになさってくださったのは、特に天親菩薩《てんじんぼさつ》です。「二十九種荘厳」として、浄土を教えてくださっています。浄土を二十九種の世界として偈《げ》で詠《うた》っておられます。『無量寿経優婆提舎願生偈《むりょうじゅきょううばだいしゃがんしょうげ》』（『願生偈』）という偈です。念仏に生きていかれた方々のところに開かれている世界を二十九種として表してくださっています。

かの世界の相を観《かん》ずるに、三界《さんがい》の道《どう》に勝過《しょうが》せり。
（真宗聖典一三五頁）

そこから始まるわけです。「かの世界の相」、お浄土の姿を、よくよくいただいてみると三界、すなわち迷いの世界を超えていると。こう詠われているわけです。まず、それが「三界の道に勝過せり」ということです。そしてさらに、次の「究竟《くきょう》して虚空《こくう》のごとく、広大にして辺際《へんざい》なし」というところから次々と展開されていくわけです。『真宗聖典』で申しますと、一三六頁の最後の行までが天親菩薩がいただいていかれた、まずは十七種のお浄土の内容です。それが終わった次のところで、天親菩薩ご自身が「かるがゆえに我、願わくは、かの阿弥陀仏国に生まれん」と。そのようにお念仏に生きておられる方々が表しておられる世界を、私も救いの世界としていただきたいと、こういう偈文《げもん》が天親菩薩がつくられた『願生偈』です。

そして、その後には、その十七種の浄土の中から、仏についての荘厳を八種、浄土の菩薩についての荘厳を四種として、さらに開いて詠っておられるわけです。合わせて、二十九種になります。

当来の報土

そのように、お念仏が開いていってくださる世界を二十九種で教えていてくださるわけですが、その全体を一言で申しますと、開かれた、平等一如の世界と申し上げていいかと思います。曽我先生は「開かれた心境《しんきょう》」という言葉で教えてくださっています。非常に大胆な表現だと思います。まず世界ということで申しますならば、開かれた一如の世界、心境としてある世界です。しかし、単なる私たちの心の心境ではないわけです。南無阿弥陀仏と申す人のところに開かれてくる心境、本願がいただかれるところに本願によって開かれてくる心境、恵まれてくる心境です。それを、『歎異抄』第十章で唯円さまは、「当来《とうらい》の報土」（真宗聖典六三〇頁）とおっしゃっています。

この表現を、私は浄土を最も言い当ててくださっている言葉としていただいております。『歎異抄』の唯円さまにしかない表現なんです。当来ですから、未来ではないのです。未来でしたら、「未《いま》だ来たらず」ですから、行ってみないとわからない。それに対して当来という場合は、「当《まさ》に来たる」、やってくるわけです。曽我先生は、押し寄せてくるというような表現をとられていますが、私を超えて向こうから開かれてくるわけです。訪《おとず》れてくると言ってもいいです。念仏に生きている人のところに、おのずから、向こうからやってきてくださる。要《かなめ》は本願をいただき、お念仏を申すところにということです。そこに、おのずから開かれ、恵まれてくる世界、こう申し上げていいのではないでしょうか。『大無量寿経』では、釈尊の言葉として、お念仏を敬う人は友達である、「すなわち我が善《よ》き親友《しんぬ》なり」（真宗聖典五一頁）とおっしゃっています。お釈迦さままでやってきてくださると言ってもいいのではないでしょうか。

親鸞聖人はそのお言葉をご和讃になさっています。

他力の信心うるひとを　うやまいおおきによろこべば
すなわちわが親友ぞと　教主世尊《せそん》はほめたまう

（『正像末和讃』真宗聖典五〇五頁）

お釈迦さまは、私たちのことを私の弟子だとはおっしゃっておられないんです。お念仏に生きる人を、お釈迦さまは友として褒《ほ》めてくださると。こういう内容が、お浄土の内容でしょう。本願がいただかれるところに恵まれてくる世界だということでありま す。

浄土荘厳の世界

『阿弥陀経』は、本願がなかなか受け取れない。そういう私たちをして、本願に立ち返らせてくださる経典です。そういうところからしますと、『阿弥陀経』のお浄土の荘厳というのは、私たちに先んじて、お念仏に生きていってくださった方々が、あるいは生きておられる方々が表してくださっている世界、生活と申し上げてよろしいわけでしょう。それが『阿弥陀経』には、ずっと浄土荘厳として説かれているのです。そのことを通して、私たちを、いま一度、本願に呼び返そうとしてくださっている。そういう内容だと思います。

そういう意味では、『阿弥陀経』に入る前に、もう一つ押さえておきたいことがあります。それは、『阿弥陀経』をいただいていくのには、念仏に生きておられる人々との縁を抜きにはいただいていけないということです。念仏に生きていかれた方々と、経典の浄土荘厳は相互の関係です。

経典だけを読んでおりましても、何やら美しい世界が説かれているなあということに止《とど》まって、何のことかわかりません。経典は何かを説明的にと申しますか、直接意味を表す表現で説いていなくて、象徴的に、あるいは詩的な表現で説いてありますから、なかなか読んでもスッとは受け取りにくいのです。説明的に説かれているのなら、ああそうかと受け取ることができるのですが、なかなか受け取りにくいのです。

お浄土というのは、先ほどから繰り返していますけれども、本願に生きておられる方々のところに表されている世界、それを説いてくださっているわけです。逆に言いますと、経典に説かれていることを通して、いままで何でもない人だと思っていたお念仏を申しておられるおばあさんのところに、このような徳が表されていたのかということを、受け取れるようになるわけでしょう。そのように、経典のお言葉は、実際に念仏に生きていかれた方々との出会いを抜きにはいただいていけない。そのことを抜きにしては、架空《かくう》のことが説いてあるのではないかとしか取れないということがあるわけです。そういう意味で、経典の言葉と、実際にお念仏に生きておられる方々とが照らし合っていただかれていくのが、こういうお浄土の荘厳の世界ではないでしょうか。

そして、極楽浄土について、まず全体的にこのように説き始めていかれます。

その時に、仏、長老舎利弗に告げたまわく、「これより西方に、十万億の仏土《ぶつど》を過ぎて、世界あり、名づけて極楽と曰《い》う。その土に仏まします、阿弥陀と号す。いま現にましまして法を説きたまう。舎利弗、かの土を何のゆえぞ名づけて極楽とする。その国の衆生、もろもろの苦あることなし、但《ただ》もろもろの楽を受く、かるがゆえに極楽と名づく。
（真宗聖典一二六頁）

まず、こういうかたちで、極楽というのはいかなる世界なのかということを、全体として、釈尊がお説きくださっている。それは、信仰の苦悩を抱えている舎利弗の心を開いていかれると共に、これから説いていかれるにあたって、舎利弗の、また『阿弥陀経』の会座に集っている方々の、そしてさらには、経典をいただいていこうとしております私たちの姿勢と申しますか、心構《こころがま》えをととのえてくださる教説であると申し上げてよろしいのではないでしょうか。

指方立相

　そこで、三点、注意されることがあります。一つは、「これより西方に、十万億の仏土を過ぎて、世界あり、名づけて極楽と曰う」という表現です。西の方向が指し示される、これは浄土の教えの特徴です。他の仏教では、空《くう》や無我《むが》などということで、西方という表現は、少ないですね。そのことについて、善導大師に「指方立相《しほうりっそう》」（真宗聖教全書一・五一九頁）というお言葉があります。難しい言葉ですが、方向を指し示し、浄土の相《すがた》を立てるということです。このことは浄土仏教の大事な点です。方向を指し示す。そして浄土の相を立てる。このように仏さまがお説きくださっている言葉は、そのまま受け取るものだと教えられていますけれども、私は、本願と浄土への感覚を開いてくださる教えだと、いただいています。「これより西方」という言葉には、願を呼び起こしてくださる響きがあります。本願を見失っている、浄土をいただくことができない私たちに、本願への感覚、そして救いの世界としてのお浄土への感覚、それを開いてくださる。そういう教えの言葉が「これより西方に、十万億の仏土を過ぎて、世界あり、名づけて極楽と曰う」と。

　そして、「過十万億仏土《かじゅうまんおくぶつど》」です。「十万億の仏土」というのは、私たちのところに開かれているさまざまな世界でしょう。たとえば、私たちはいろんな価値観にもとづいて生きています。その価値観に応じて、さまざまな世界を持って生きています。この世は金だ。いや、健康第一だと。そういう人は、そういう世界を持って生きておられるのでしょう。ですから、「十万億仏土」とは、私たち人間がそれぞれにつくっている世界です。そういうさまざまな世界を「十万億仏土」と言うわけでしょう。人間がつくっている世界、住んでいる世界。価値観もそうですし、気分もそうでしょう。気分によっても世界が変わります。ですから、一人の人間でも朝から晩まで世界は変わります。変幻自在《へんげんじざい》です。そして、「過《か》」ですから、浄土はそういう世界を超えているんだということです。善導大師は「過」に、さらに「超」という字をつけて、「超過《ちょうか》」とおっしゃっています。「超」をつけられるのは、超えているということ、単に、私たちが住んでいる世界の外にあるということとは違うということです。

私たちは、浄土は死んでからとか、ここから離れたところとか、現実の外にあるのではないかと、こう思ってしまいます。しかしそうではなくて、私たちが住んでいる世界と重なってあるんだ、超えてあるんだと。超えてあるということは私たちの世界と共にと言いますか、重なってあることができるわけです。外だと違うところに行かないとないのです。超越《ちょうえつ》と外在《がいざい》とは違います。外にあるわけではない、また他《ほか》にあるわけではない、超えていますから、共にありえるわけです。面倒な日暮らしをしているのが私たちの日常の生活なのでしょうけれども、面倒な日暮らしをしている我われのところに超えて開かれる。日常の日暮しをなくしてではないわけです。日暮しをしている私たちの中に超えて折《お》り込まれてくる。重なって開かれる。

そしていま一つは、「その土に仏まします、阿弥陀と号す。いま現にましまして法を説きたまう」ということを説きたまう」という箇所の、「いま現にましまして法を説きたまう」ということですが、これは、私たちに法を聞く耳を開いてくださるお言葉でしょう。いま、現に、浄土にましまして法をお説きくださっているんだということです。ですから、「西方」ということ、「十万億の仏土を過ぎて、世界あり」ということ、そして、いま一つの「今現在説法《こんげんざいせっぽう》」というお言葉、この三つの言葉が、これから浄土の荘厳を説いていかれるに先立っての、大事な三つの事柄ではないかと受け止めているわけであります。これからの説法をいただいていくについて、一つの姿勢をこちらに開いてくださっている教説だと申し上げていいのではないでしょうか。

五　依報荘厳

宝樹荘厳

浄土荘厳に入ってまいります。環境的な表現で浄土を説いていかれる一段です。『阿弥陀経』では四つの姿をもって環境としての浄土が説かれています。宝樹荘厳、宝池荘厳、天楽地華《てんがくちけ》荘厳、そして化鳥風樹《けちょうふうじゅ》荘厳、この四つです。

まず宝樹荘厳です。

また舎利弗、極楽国土には七重の欄楯《らんじゅん》・七重の羅網《らもう》・七重の行樹《ぎょうじゅ》あり。みなこれ四宝《しほう》をもって、周帀《しゅうそう》し囲繞《いにょう》せり。このゆえにかの国を、名づけて極楽と曰《い》う。

(真宗聖典一二六頁)

この荘厳だけが、「このゆえにかの国を、名づけて極楽と曰う」と、こういう言葉で結ばれています。他の三つは、次の宝池荘厳も、天楽地華荘厳も、最後の化鳥風樹荘厳も、全部「かくのごときの功徳荘厳を成就せり」と結ばれています。この宝樹荘厳だけが、「このゆえにかの国を、名づけて極楽と曰う」というかたちで結ばれているということで、この荘厳が極楽の全体を代表する荘厳であることがわかります。さらに最後も化鳥風樹荘厳ということで、この四つの荘厳の全体が樹《じゅ》で終わるわけです。いかに浄土荘厳において樹が大事かです。

それでは「樹」は何を表しているのかということですが、こういうことは教えられなければわからないのです。『阿弥陀経』をいただいてこられた伝統と言うのでしょうか、先輩方の教えてくださっていることを通して申し上げるわけですけれども、樹は大地に根差して成長していくわけです。そういう大地に根差した生活を表しているんだということで、宝樹荘厳の表しているものは、聞法《もんぽう》生活だと教えられています。浄土の生活というのは聞法生活だということが教えられているということです。それは、現実に根を張って、どこまでも成長していく生活です。もっと言えば創造的な生活と言ってもいいでしょう。私たちは、日ごろ、取りとめのない生活を送っていると言ってもいいわけですが、その私たちに成長していく生活が恵まれてくる。どういうことかと申しますと、本願の信心というのは、さまざまな縁を通して、出来事を通して、いよいよ明らかにし続けていく信心です。信が開かれるとしますと、そういう歩みが始まるわけでしょう。そのような生活、それが樹で象徴されているんだということです。ですから、本願の信心というのは、一度はっきりすれば、それで終わるということではないんです。そのことが見失われたり、またいろいろな出来事の中で、信が課題となったりしながら、生涯をかけて徹底していく、明らかにしていく。そういう歩みです。それが、本願が恵んでくださる生活ということです。『大無量寿経』には「道《どう》に昇《のぼ》ること窮極《ぐごく》なし」（真宗聖典五七頁）という言葉があります。本願念仏の道は極まりがない道だということです。

このことについて教えてくださっております親鸞聖人の『御消息《ごしょうそく》』があります。

慈信坊《じしんぼう》がもうすことによりて、ひとびとの日ごろの信のたじろきおうておわしましそうろうも、詮《せん》ずるところは、ひとびとの信心のまことならぬことのあらわれてそうろう。よきことにてそうろう。（真宗聖典五七七頁）

このようなお手紙です。慈信房というのはご子息の善鸞《ぜんらん》さまのことです。親鸞聖人は、そのころは京都に帰っておられて八十歳を越えておられましたが、関東で、いろいろな問題が起こったものですから、ご子息を派遣なさるわけです。しかし、逆に火に油をそそぐようなかたちで、かえって人々が善鸞さまによって惑《まど》わされるのです。この『御消息』はそのことの事情を伝えるお手紙が関東から、京都におられる親鸞聖人のところへ届けられた。それに対する親鸞聖人のお返事の一部です。

〝慈信房に惑わされたと言うけれども、惑ったというのは、もともと信がはっきりしていなかったのではないか。はっきりしていなかったということが明らかになったのだから、それはいいことではないか〟と。親鸞聖人は、法然上人を通して出遇われたお念仏の教えを、九十年のご生涯をかけて徹底して明らかにし続けていかれたわけですが、その歩みがどういう歩みであったのか、この「よきことにてそうろう」という一言に表されていると申していいのではないでしょうか。

そういうことが、浄土荘厳が宝樹、樹で表されていることの大事な意味なのでしょう。救われていくということは救われてしまったということではなくて、年々救われ続けていく。いろんな問題を通して、また出遇い直し、明らかにし続けていく、いよいよ徹底していく。そういうことが、宝樹荘厳でもって極楽が代表されていることの大事な意味なのではないでしょうか。そのように私はいただいていることでございます。

教えに開かれる心

これまでも申してきましたように、浄土とか極楽と申しますのは、本願によって開かれていく世界。本願が開いてくださる世界、生活です。どういうことかと思われるかも知れませんが、本願というのは決して遠い真実ではないのですね。私たちと離れてある真実ではない。探《さが》さないと見つからないとか、修行しないとわからないという真実ではない。『歎異抄』というお聖教の第一章には「念仏もうさんとおもいたつこころ」（真宗聖典六二六頁）、こういう言葉で私たちに開かれてくる本願の姿が示されています。本願という真実は、どこまでも教えを縁として開かれてくる真実です。教えを抜きに念仏しても、駄目《だめ》です。教えを通して開かれてくる心です。「念仏もうさんとおもいたつこころのおこるとき、すなわち摂取不捨《せっしゅふしゃ》の利益にあずけしめたまうなり」と。これは親鸞聖人のお言葉ですけれども、念仏申さずにおられない心として、本願の姿を唯円さまが記録に留めてくださっているわけです。

この言葉に着目をなさったのが曽我先生です。曽我先生はこういうふうにおっしゃっています。「此《この》念仏せんとするの意志を以《もっ》て救済問題を解釈せんとするが『歎異鈔』一部である」（『曽我量深選集』第二巻・二四六頁・彌生書房）。ここで解釈と言われているのは、解き明らかにする、はっきりするという意味です。「念仏もうさんとおもいたつこころ」、教えを縁として我われに開かれてくる念仏を申さずにおられない心、それが本願の姿だと。この『歎異抄』第一章の言葉を、生涯繰り返し、繰り返し、そこに立ち返ってお話しくださったのが曽我先生ではないかと思うのです。その曽我先生のお姿にも、信心を生涯かけて徹底し明らかにし続けていかれたお姿がいただかれます。

それで、宝樹の樹は浄土荘厳を貫いているものです。ですから、最後が化鳥風樹荘厳です。鳥の姿と、風の渡《わた》る樹です。浄土の生活の一番の中心を樹で表されています。

七菩提分

それから本文の言葉を少しいただきますと、七と四、二つの数が出てきます。それは聞法生活を成り立たせるものと、聞法生活によって開かれてくる利益を七と四で表されます。そのことを抜きには、歩みと言っても成り立っていかない二つのものです。

七で表されているものは何かと申しますと、それは「七菩提分《しちぼだいぶん》」（真宗聖典一二七頁）です。分というのは仏道の因を意味します。ですから、私たちが教えを学んでいく上で大切な七つのものです。仏教は歩みだと言いましても、言葉で言っているだけで、それを成り立たせ、支えるものがなければ自分の努力だけでは歩んでいけないわけでしょう。信心を明らかにしていくと言いましても、その歩みを成り立たせるものがなければ、信心を求めるがゆえに、果てしなく迷い続けるということにもなっていきます。そういうことで、『阿弥陀経』には宝樹荘厳のところに、「七菩提分」が出てくるのです。聞法していく上での大切な七つの事柄が説かれているのです。私が「七菩提分」ということを通していただいておりますことを申し上げたいと思います。

まず、一番目は「念《ねん》菩提分」。七菩提分で大事なのはこの「念菩提分」と次の「択《ちゃく》法《ほう》菩提分」、そして「精進《しょうじん》菩提分」。特に、この三つだと私は思っているのです。それで、まず「念菩提分」。「念菩提分」というのは、これは教えられていることですけれども、生活の中で常に憶念する言葉を持てということです。言葉が歩みを保たせ、さらに自覚を呼び起こしてくださる。生活の中で憶念し続ける言葉。言葉が自覚を開いてくださる。そのことを親鸞聖人は、

誠《まこと》なるかなや、摂取不捨《せっしゅふしゃ》の真言《しんごん》、超世希有《ちょうせけう》の正法《しょうぼう》、聞思《もんし》して遅慮《ちりょ》することなかれ。

（『教行信証』「総序」真宗聖典一五〇頁）

とおっしゃっています。私たちに、これだけはしなさいとおすすめくださっているお言葉です。凡夫の身が救われていこうとするのに対して、修行しろとか、勉強しろと

はおっしゃらないのです。やらないのがわかっていますから。しかし、このことだけはやれと、一緒にやろうじゃないかということで、「誠なるかなや」とおっしゃっているわけです。これが凡夫の救われていく道として、親鸞聖人がお示しくださっている事柄です。生活の中で保ち続け、憶念し続けることのできる言葉です。その言葉が私たちに本願を呼び起こし、本願に立ち返らせてくださるのだと。あるいは本願に生きる生活を守ってくださるのだと。「摂取不捨の真言」とは、私たちを摂《おさ》め取って捨てない真実の言葉です。摂取という言葉の意味は、つかみ取って放さないということです。絶対に放さないということです。そういう言葉を生活の中に持つということが教えられているわけです。親鸞聖人自身も、信心を自分の能力で保ち続けていかれた方ではありません。摂取不捨の真言に出遇われた。生活の中で念じ続ける言葉をお持ちになっておられた。

親鸞聖人を支えた三つの言葉

親鸞聖人の生涯を支え続けた言葉として伝えられております、三つの言葉を紹介させていただきます。

親鸞におきては、ただ念仏して、弥陀にたすけられまいらすべしと、よきひとのおおせをかぶりて、信ずるほかに別の子細《しさい》なきなり。（『歎異抄』真宗聖典六二七頁）

これは、親鸞聖人がおそらく八十歳を越えられたころに語られたお言葉です。親鸞聖人が京都へ帰られて二十年ぐらいたつと、関東でお念仏に生きてきた人々がさまざまな縁の中で惑いを持たれるわけです。そこで関東の代表者の方々が京都の親鸞聖人のところへ、はるばる訪ねてこられた。その時に親鸞聖人が、ご自身の信仰のぎりぎりのところを表現されたのがこの『歎異抄』第二章の言葉です。そのお言葉の中の、「ただ念仏して、弥陀にたすけられまいらすべし」という言葉は、親鸞聖人が法然上人に出遇われた時にいただかれた言葉です。ですから、二十九歳の時に聞かれた言葉です。「よき人」というのは法然上人のことです。その言葉を通して親鸞聖人は本願に生きる人になられたわけでしょう。そしていま、これを語っておられるのは八十歳を越えられてからです。五十年以上たっているわけです。普通は、このようには言わないと思います。私なら、「廣瀬におきては、ただ念仏して、弥陀にたすけられまいらすべしと、信ずるほかに別の子細なきなり」と言うと思います。「よき人」も、「おおせ」も入れないと思います。ところが「よきひとのおおせ」の一言を、八十歳を越えられた親鸞聖人が入れておられるわけです。そこにはこの言葉を憶念なさりながら、そうだったなあと、お念仏の心に立ち返り立ち返りしながら歩み続けていかれたことが表されているのではないでしょうか。ですから関東から八十歳を越えた親鸞聖人のところへ、本当に念仏で救われるのかと訪ねてきた人たちに対して、「よき人のおおせをかぶりて」と語られていますこの言葉は、非常に大事な言葉です。これは、親鸞聖人の信仰を成り立たせ続けていた「摂取不捨の真言」の代表ではないでしょうか。

もう一つは、

念仏には無義《むぎ》をもって義《ぎ》とす。（『歎異抄』真宗聖典六三〇頁他）

という言葉です。この言葉は、法然門下で親鸞聖人だけしか伝えていない言葉なのです。他の法然上人のお弟子さん方は伝えていないのです。この言葉、あるいはこの言葉と同じような言葉を、親鸞聖人は法然上人の仰せとして、いろんなところに記しておられます。しかし、他の方々は伝えておられないものですから、これは親鸞聖人が勝手に言っているのではないかと、ずっと思われていたのです。そうしましたらいつのころかは知りませんが、知恩院で法然上人が『阿弥陀経』の書写をなさったものが発見されて、その奥書《おくがき》に、「義なきを義とし、様《よう》なきを様とす」と書かれている一文が見つかったのです。それで、親鸞聖人の言葉ではなくて法然上人がおっしゃっておられたのだということがわかったのです。しかし、なぜ親鸞聖人だけが法然上人のこの言葉を心に留めておられたのだろうかと思います。私の勝手な想像ですけれども、親鸞聖人は本願をいただいていくについて、いただいたと思ったら、そのことがわからなくなっていく。そういうことの中で、「無義をもって義とす」、これだったんだ。はからいでとらえようとしていたのだと気づいていかれたのではないかと思います。本願が「南無阿弥陀仏」としていただかれてきたら、それを対象化してはからいで解釈しようとしたり、摑《つか》まえようとしないで、その心をいただいて生きていくのだと。ですからこの言葉を留められたところには、本願を摑まえようとしてわからなくなっていかれた親鸞聖人のご苦労があったのではないかと思うわけです。

そして、いま一つ同じような言葉ですが、

浄土宗のひとは愚者《ぐしゃ》になりて往生す　（『末燈鈔』真宗聖典六〇三頁）

という言葉があります。これも、はからいの問題です。親鸞聖人には、はからいによってわからなくなっていくことがたびたびあったのではないでしょうか。そのように、親鸞聖人は生活の中で念じていかれた法然上人の言葉を、伝えていてくださいます。そうだったそうだったと、法然上人のお姿を思い浮かべられながら、念仏の心に立ち返っていかれたのではないでしょうか。

そして、いま一つが「択法菩提分《ちゃくほう》」です。これは最初のころに申し上げました「有縁の法」を持てということです。歩みを成り立たせる言葉に対して言えば、こちらは教えでしょう。日暮しの中で学び続けていく教えです。「択《ちゃく》」は選択の択ですから、法、教えを選ぶ。仏教について述べているものなら何でもいいということではないのです。生涯学び続けていく教え。学ぶというのは理解していくわけではなくて、生活の中で拝読し続けていくものです。そういう教えは、歩んでおります中で出遇ったり、紹介されたりして決まっていくものなのでしょう。

そして、三つ目に大事なのは「精進菩提分」です。これは何事も精進ということです。曽我先生は精進というのを、「急がず、休まず」という言葉で教えてくださっています。私たちは急いで休むのです。これはいけないと急いで、またすぐ休む。曽我先生は急がず休まず、持続することを教えてくださっています。しかし、精進というのは努力だけではできないのですね。また改めて申し上げさせていただきますが、私はそこに、蓮如上人が「正信偈《しょうしんげ》」・「念仏」・「和讃」のお勤《つと》めをすすめてくださったお心があると思っています。教えをいただいていくことを生活に織《お》りこむことによって、精進していくことを習慣にまでしてくださったということです。

あとはザッと申しておきますと、次が「喜《き》菩提分」、喜びがあるということです。何か喜びがなければ続けていけません。小説家の加賀乙彦《かがおとひこ》さんは、「信仰を続けさせていくものは喜びである」とおっしゃっています。次が「軽安《きょうあん》菩提分」、道を求めるといいますと緊張したイメージを持ちますが、肩の力を抜くということでしょう。そして「定《じょう》菩提分」、これは心静かに丁寧《ていねい》に学ぶということです。そして「捨《しゃ》菩提分」、これは、とらわれ、固執を離れるということです。さまざまな問題に対する、また教えに対する固執ですね。それが教えの心をいただかせないものでもあるわけです。以上が、七菩提分ということであります。

四宝

続いて、「四宝《しほう》」です。七が「因《いん》」でしたけれども、それに対して四は「果《か》」です。聞法生活の上に恵まれてくる利益《りやく》です。涅槃《ねはん》の四徳《しとく》を表していると教えられています。聞法の生活をしている人のところにおのずから恵まれる四つの心境としての功徳《く》です。「常楽我浄《じょうらくがじょう》」（『教行信証』「真仏土巻」真宗聖典三二一頁）、すなわち、常徳《じょうとく》、楽《らく》徳《どく》、我《が》徳、浄《じょう》徳の四つです。ただし、親鸞聖人は『涅槃経《ねはんぎょう》』という経典から涅槃の四徳の文をお引きになっておられるのですけれども、三番目の「我徳」だけはカットしておられるのです。我徳と言いますのは、よく目にされたり聞かれたりすることがあると思うのですが大我《だいが》、大きな我と申していいかと思います。以前出会いました道元《どうげん》禅師《ぜんじ》のお言葉で「尽十方界真実人体也《じんじっぽうかいしんじつじんたいなり》」（『正法眼蔵』）というお言葉があります。法界《ほっかい》と申しますか、世界が私だと、そういう境地でしょうか。しかし、親鸞聖人はとても及びがつかないということでしょう、この我徳だけは引いておられないのです。ですから、親鸞聖人にとっては三つの徳です。常、楽、浄。この三つは、親鸞聖人ご自身に身に覚《おぼ》えのある、聞法生活に恵まれてくる功徳だったのでしょう。

常徳というのは、簡単に申し上げますと一如の心境です。自他一如、生死一如、生者・死者一如、我われは全部分別して分けていきますけれども、それらが一つのごとく受け止められていく一如の心境を、常徳と言っていいのではないでしょうか。

次が楽徳。親鸞聖人は楽に三種ありと、三つの楽を挙げておられます。「楽に三種あり。一には外楽《げらく》、謂《い》わく五識所生《ごしきしょしょう》の楽なり」（『教行信証』「証巻」真宗聖典二九五頁）。これは、私たちが普通に追い求めている楽しみです。五識というのは眼識《げんしき》・耳識《にしき》・鼻識《びしき》・舌識《ぜっしき》・身識《しんしき》のことで、目で見て美しいとか、耳で聞いて心地よいとか、鼻で嗅《か》いでいい香りだとか、舌で味わって美味《おい》しいとか、身で触れて感触がいいとか、そういう喜びが「外楽」と言われます。いわゆる外のものによって開かれる喜びです。次の「内楽《ないらく》」というのは、「意識所生の楽」とあります。我われの意識によって生み出されてくる楽。心が静まった喜びとか、森の中へ入れば心が落ち着く喜びとか、精神が集中した時の満足感。どれだけ雑踏の中でも心を統一すれば、そこに喜びが開かれてくる。そういう、心の中に開かれてくる喜びです。これは内楽と。そして、いま一つが「法楽楽《ほうがくらく》」です。これは「智慧所生の楽」とあります。智慧とは教えのことです。教えによって開かれてくる楽、それが法楽楽。本願のお心が、奏《かな》でられている音楽にたとえられているのです。我徳については、親鸞聖人はおっしゃっていません。

そして最後の浄徳というのは、とらわれを離れた自在な心境です。開かれた心境と言ってもいいでしょう。浄に対するものはとらわれ、執《しゅう》です。煩悩の一番根本にあるものです。親鸞聖人は、この執について、一つは経験に対する固執、私はあれをしてきたのだ、ほかの人に私の経験はわからないだろうというものです。そしていま一つが自分の感覚への固執。たとえば、あの店の食べ物は絶対うまいのだ、まずいというお前がおかしいといった感覚への固執です。最後に、自分の思いへの固執。相手に押しつけがましく、自分の思いを押しつける。この三つを挙げておられます
　この涅槃の四徳のところで、申し上げておかなければいけませんのは、それらの徳は凡夫の身に本願が、念仏の心が恵んでくださる功徳ですから、私たちが凡夫であることは変わらないのです。利益について、特に喜びについて、親鸞聖人はいろんなところで厳密に押さえていこうとなさっています。

〝樹〟が表すもの

　ところで、浄土とか極楽と申しますと、どうしても、何かどこかの話ではないかと。なかなか身近なところで受け止められないということがあるかと思うのです。しかし決して、そういうことではなくして、これまで申してきましたように、お念仏に生きてくださった方々が表してこられた生活の姿です。決してどこか懸《か》け離れた夢物語のような話ではありません。これまでお念仏に生きてこられた方々、あるいは生き

てくださっている方々が表してこられた、また表しておられる姿でしょう。忙しい生活を抱えられながら、「南無阿弥陀仏、南無阿弥陀仏」と生きていかれた、そういう方々が表してこられた世界であり、生活の姿だと、こういうことであります。

こういうお経をいただきます時に、どうしても縁遠いものに感じてしまうのですけれども、私にとって浄土荘厳を思いますと、何人かの方が思い浮かぶのですね。私の場合、私を住職として育ててくださった何人かの方が幸いにしていらっしゃいました。そういう方々が、『阿弥陀経』に説かれていますような浄土荘厳というものを表していってくださった。そして、そのことによって、私がお念仏の道から外《はず》れることなく、辛《かろ》うじてつなぎ止められている、そういうことがあるのではないか。そしてさらに言えば、その方々との縁を通してお念仏に生きる喜びをいただいていく。そういう教えが『阿弥陀経』の浄土荘厳だということではないでしょうか。

以上、宝樹荘厳について話してまいりましたが、結びとして申しますなら、真宗の教えでは、求めることと救われることとは、一つなのだということです。もし救われてしまったとしたら、することもないでしょう。求めるところに新たなこととして、また生きたこととして救いをいただいていくわけでしょう。そういうことが「宝樹荘厳」というかたちで樹で表されている。どこまでも明らかにし、成長し続けていく。そしていのちが終わった時が完成と。そのように、求めることと救いとが表裏になっているのがお念仏の教えだということではないでしょうか。

宝池荘厳

また舎利弗、極楽国土には、七宝《しっぽう》の池あり。八功徳水《はっくどくすい》その中に充満せり。池の底にもっぱら金沙《こんしゃ》をもって地に布《し》けり。四辺に階道あり、金《こん》・銀《ごん》・瑠璃《るり》・玻瓈《はり》、合成《ごうじょう》せり。上に楼閣《ろうかく》あり、また金・銀・瑠璃・玻瓈・硨磲《しゃこ》・赤珠《しゃくしゅ》・碼碯《めのう》をもってして、これを厳飾《ごんじき》せり。池の中の蓮華《れんげ》、大きさ車輪のごとし。青き色には青き光、黄なる色には黄なる光、赤き色には赤き光、白き色には白き光あり。微妙《みみょう》香潔《こうけつ》なり。舎利弗、極楽国土には、かくのごときの功徳荘厳を成就せり。

（真宗聖典一二六―一二七頁）

次の宝池荘厳でありますけれども、宝の池、水です。水で表されておりますものは、感情でしょうね。教えられております言葉で申しますならば、純粋感情《じゅんすいかんじょう》です。純粋な生活感情でしょう。それをもう一つ、言葉を換えますと開かれた生活感情と言ってもいいでしょう。「生活」を入れた方がよろしいでしょうね。とらわれから解放された開かれた生活感情が、さまざまな問題を抱えて生きている我らの上に開かれてくるのだと。特に「純粋感情」という言葉をお使いになるのは、曽我先生です。これも、人間の努力でということではありません。おのずからにお念仏を申す人の上に開かれてくる開かれた生活感情です。親鸞聖人は本願のことを「願力」ともおっしゃいます。我われのとらわれの心を破ってくださいますから、「力」という字を付けられて願力と。あるいは、「自然《じねん》」とおっしゃいますが、特に「願力自然《がんりきじねん》」は親鸞聖人が『大経』に見出された「自然」で、独特の読み方をなさいます。

自然というは、自《じ》は、おのずからという。（中略）然《ねん》というは、しからしむということば

（『正像末和讃』真宗聖典五一〇頁）

普通、「自然」は「おのずからしかる」ということで、ありのままということです。しかし、親鸞聖人はそう読まれなくて、「おのずからしからしむ」と読まれます。そうせしめるのだということです。人間の迷いやとらわれを破って、とらわれを離れることのできない衆生の身に、さまざまな功徳を本願は実現してくださるのだということで、親鸞聖人は、「おのずからしからしむ」と読まれます。これは親鸞聖人独自の

「自然」であり、読み方です。

とらわれを離れることができない私たち。死にとらわれ、名誉にとらわれ、地位にとらわれ、さまざまなものにとらわれる。そういう我われの上に、開かれた生活感情をお念仏は恵んでくださるのだということです。本願は恵んでくださるのだ、開いてくるのだと。もう少し言えば、念仏申す身に、そのような生活が開かれてくるのだと。その開かれた生活感情、それが宝の池、宝の水ということで表されている。象徴的に表現されているわけでしょう。

八功徳水

そして、その感情の内容が、「八功徳水《はっくどくすい》」として説かれています。水の八つの特質です。八つの秀《ひい》でた特質ということで、純粋な開かれた生活感情をお説きくださっています。こういうことがよく説かれているなあと思うのですが、実際にそういうものがないと説けないですよね。そこには、そういう徳を表しておられる方々がおられたのではないでしょうか。そういう方々を通して、教えとして説かれているわけでしょう。思い描《えが》いて説かれているというわけではないのでしょう。

「八功徳水」、その全体を代表しておりますのは「清浄《しょうじょう》」ということです。とらわれを離れた、開かれた感情ということです。その次が「不臭《ふしゅう》」です。とらわれているところには臭《にお》いがするということです。とらわれから離れているところには臭いがしない。臭《くさ》いということは周りの人々を気詰《きづ》まりにさせると言ってもよろしいでしょう。特に宗教の場合、よく使われるのは、抹香臭《まっこうくさ》いと。これは信仰にとらわれているわけでしょう。信仰から自由になっていないことを抹香臭いと。さまざまなものの考え方でもそうではないでしょうか。その考え方にとらわれているところには臭みがあると言ってもいいのではないでしょうか。周りの人々を気詰まりにさせていく。

あとは、いろいろとお感じくだされぱと思うのですけれども、「軽《きょう》」、軽やかである。「冷《りょう》」というのは冷たいということもあるのでしょう。水の冷たさを通して開かれる感情、爽《さわ》やかということです。そして、その次が、これは大事だと思うのですが、「軟《なん》」、軟《やわ》らかい。特に親鸞聖人の教えと言うのでしょうか。仏教で「軟」というのは大事にされています。念仏に生きる人の徳として柔軟心《にゅうなんしん》ということを親鸞聖人もおっしゃっています。どのようなことも受け止めていけるということでしょうね。それが柔軟心、軟らかい感情です。宮城顗《しずか》先生は、柔軟ということを復元力と表現されました。落ち込んでもすぐに立ち上がるという、しぶといと言うのでしょうか、自分の人生を投げ出さないしぶとさです。

その次の三つが面白いのです。それら三つは、念仏に生きておられる方が、他の人に呼び起こしてくださる感情と言っていいかと思います。「美《み》」というのは美しいということではなくて、味のことで美味《おい》しいということだという指摘を善導大師がなさっています。これは会いたくなると、そういう感情がお念仏に生きておられる方に対しては起こってくるということでしょう。そして、「飲時調適《おんじじょうちゃく》」、飲んで満たされるということですが、これはお会いしていて心が休まる、心が満たされるということでしょう。出会っている中で深い満足感が与えられるということです。最後に「飲已無患《おんいむかん》」、飲み終わって患《わずら》いがないというのです。後味《あとあじ》がいいということです。会っている時は何ともないのだけれども、別れて後味が悪いということがあります。もちろん後味を悪く感じるこちらの問題ということもありますけれども、そういうことを感じる時があるのではないでしょうか。飲み終わってもそういう患いがない。ですから、この三つは、念仏に生きておられる方々に対するこちら側の感情、こちら側に属することでしょうね。いろいろな違いはあっても、何か念仏に生きておられる方には会いたくなるという、そういうものが念仏に生きておられる方が私どもにくださる一つのお徳だということではないでしょうか。

それから「上に楼閣《ろうかく》あり」と。高殿《たかどの》、見晴台《みはらしだい》のことです。見晴台が宝池荘厳として、宝池とセットに説かれているということは、非常に大事なことでしょう。感情が純粋であることによって、事柄をありのままに受け止めていくことができると申していいかと思います。もう一つ言えば、ありのままに認識し受け止めていくことができるということです。どういうことかと申しますと、親鸞聖人の教えを通して確かめます時に、二つの内容としていただくことができるかと思います。一つは現実を現実として認識し、受け止めていくことができる生活が開かれるということです。私たちが学生時代にはやった言葉になると思うのですけれども、〝現実を現実以上にも現実以下にも見ない〟、そういうことがよく言われました。まさに現実を現実として受け止めていくことができる。ですから曽我先生は、開かれた感情のことを智慧だともおっしゃっています。智慧というのは感情だと。曽我先生がよくおっしゃることです。智慧というのは知識とは違います。智慧は感情だと。それに対して、無明というのは不純粋感情です。般若《はんにゃ》の智慧というのは純粋感情。ですから、とらわれを離れた純粋な感情において、現実が現実として生きられていく。そういう生活が恵まれるのだということです。

それを親鸞聖人は、ご和讃にしてくださっています。

智慧の光明はかりなし　有量《うりょう》の諸相《しょそう》ことごとく
光暁《こうきょう》かぶらぬものはなし　真実明《しんじつみょう》に帰命せよ

（『浄土和讃』真宗聖典四七九頁）

純粋な感情において現実が照らし出される時に、現実の事柄がすべて有量の諸相として明らかにされてくる。有量の諸相とは、諸々の相あるものは、相対的なものだということです。人間では有量の諸相だとは思えないです。有量が有量として生きられていく。絶対化しないということです。この世の事柄に絶対的なものはないということでしょう。そういうこととして生きられていく。仏法が開いてくださる現実の生き方です。

親鸞聖人はこの「有量の諸相」の横に小さな字で左訓《さくん》と申しますが、言葉の意味を記しておられます。「うりやうは　せけんにあることは　みなはかりあるによりてうりやうといふ」と。世間にあることで相対的でないものはないのだと。人間の頭で考えますと、そんなことはないだろうという思いも出てきます。するとそれにとらわれていきます。そうではないのだと。すべてが相対的なものとして生きられていくのだと。逆に言えば、絶対化しないということです。絶対化することなしに生きるということは、本当は困難なことです。一番絶対化するのは自分の思いではないでしょうか。なかなか自分の思いを否定しないのです。しかし、その自分の思いを絶対化しない生き方がそこに開かれていく。これはもう念仏において開かれていくわけであって、人間の思いでは及びもつかないことなのではないでしょうか。

私がそのことで教えられておりますのが、笠原初二《かさはらはつじ》という方の著書で『なぜ親鸞なのか』という本があります。この方は残念ながら亡くなられたのですけれども、この本に、絶対化しないということが教えられるのです。随分昔のことですが、ベトナム戦争中にアメリカ軍の軍用機F4ファントムが九州大学の校内へ墜落するという事件がありました。それがきっかけとなって、笠原さんは社会問題に眼を向けられるようになり、特に差別問題に取り組んでいかれた。その差別問題に取り組んで行かれる中で、行き詰まっていかれるわけです。その本の中で、当時九州大学で若い人から非常に尊敬されていた滝沢克己《たきざわかつみ》という方が、その笠原さんの問題点を指摘なさっておられます。「知らず識《し》らずのうちにかれは、差別する側の一身分、「大学生」である己れ自身を、度を超えて恥じた。逆にいうと、差別されている人々を、事実存在する人間としての度を超えて尊んだ」（『なぜ親鸞なのか』四頁・法藏館刊）。そのように滝沢先生が、絶対化という問題を指摘されている文章があります。そしてこれは、笠原さんご自身の文章なのですけれども、運動の中へ入っていきますと、絶対化する立場と、それに対抗する側もまた絶対化していく、そういう絶対化の悪循環というのでしょうか。このような問題を取り上げられて、さらに「〝社会的矛盾の打破〟ということさえ〝宗教〟の領域からすれば相対的なものであり、それに比重を置きすぎれば、それは〝現実絶対化〟であり、それは〝偶像崇拝《ぐうぞうすうはい》〟ということになると思います」（同上三〇頁）とおっしゃっています。滝沢克己先生に指導をいただかれながら、事柄を絶対化していくという、そういう自分と悪戦苦闘なさっていかれた方です。

事柄を絶対化しないということは、実に容易なことでないのではないでしょうか。いろいろな事柄を絶対化して、それにとらわれて行き詰まって、そこで過剰に悩む。そういうことを私なんかはしょっちゅう繰り返しているわけです。そういう我われに対して、お念仏に生きていかれた方々が教えていてくださることとして、依りどころである本願は、そういう在り方から私たちを解放し、相対的なこととして生きられていく生き方を恵んでいってくださるのだと。それが、この宝池荘厳の中に「楼閣」が説かれている由縁《ゆえん》だと申し上げることができるのではないかと思います。

そのように、現実の絶対化から解放してくださるということと、そして、ありのままに受け止めていくことができるということのいま一つが、「池の中の蓮華《れんげ》、大きさ車輪のごとし。青き色には青き光、黄なる色には黄なる光、赤き色には赤き光、白き色には白き光あり」ということです。この言葉はよく知られています。「青色青光《しょうしきしょうこう》、黄色黄光《おうしきおうこう》、赤色赤光《しゃくしきしゃっこう》、白色白光《びゃくしきびゃっこう》」、一言で申してしまえば、その人をその人として認めていくことができるようになるということでしょう。そういうこととして、曽我先生はいただいておられます。嫌だなと思う自分も含めてですね。嫌だなと思う自分も含めて認めていくことができる。死ぬまで嫌だななんて思って死んだら自分に申し訳ないですよね。自分を認めていくことができる。大切なことでしょう。

遠藤周作《えんどうしゅうさく》さんの言葉で、名言《めいげん》というか、ときどき思い出す言葉なのですが、「愛というのは〝棄てない〟ということ」（『私のイエス』二〇二頁・小学館刊）だというものがあります。何か愛というと美しいことのように思いますけれども、棄てないことだと。どれだけ色あせた人生であったとしても、その人生を棄てないということが愛するということだと言われるのです。それは「青色青光、黄色黄光、赤色赤光、白色白光」という言葉が持っている内容ではないでしょうか。それが純粋感情というもののはたらきの具体性でしょう。

そのように、楼閣《ろうかく》ということで、一つには純粋感情のはたらきによって、現実を現実として認めて生きられていくということ。そのことは、現実は相対的なものだと冷たく決めつけることではないのです。そういうこととして生きられていくということです。そして、いま一つは自らも含めて、たとえどのような人であったとしても、その人をその人として認めていくことができるようになるということ、そのことが教えられます。

ご門徒の方で、亡くなられる直前にご自分で書かれた言葉をくださったことがあります。浅田正作《あさだしょうさく》というお念仏に生きておられる方の、「人生に　花ひらくとは　この自分が　押しいただけたことです」という言葉です。これこそ「青色青光」ではないでしょうか。念仏に生きられた方は、いろいろな問題を抱えられながらも自分の人生を、どこかでいただきながら歩いていかれたのではないでしょうか。そういう姿が宝池荘厳として説かれていると申し上げてよろしいかと思います。

天楽地華荘厳

それでは、次の「天楽地華荘厳《てんがくちけしょうごん》」に入っていきたいと思います。

> また舎利弗、かの仏国土には、常に天の楽《がく》を作《な》す。黄金を地とす。昼夜六時《ちゅうやろくじ》に、天の曼陀羅華《まんだらけ》を雨《ふ》る。その国の衆生、常に清旦《しょうたん》をもって、おのおの衣裓《えこく》をもって、もろもろの妙華《みょうけ》を盛《い》れて、他方の十万億の仏を供養したてまつる。すなわち食時《じきじ》をもって、本国に還《かえ》り到りて、飯食《ぼんじき》し経行《きょうぎょう》す。舎利弗、極楽国土には、かくのごときの功徳荘厳を成就せり。
> （真宗聖典一二七頁）

「天の楽」の「天」というのは最高を意味する言葉です。極楽では素晴らしい音楽が奏《かな》でられているということです。そして、天から曼陀羅華（悦意華《えついけ》）の花びらが降ってくる。その花びらを花皿《はなざら》（衣裓）に入れて、花びらをもって他方の十万億の仏さまを供養する。供養の意味は、敬《うやま》い尊敬するという意味です。供養をして、ただし、その後に「すなわち食時をもって、本国に還り到りて、飯食し経行す」という言葉がついています。「すなわち」というのは、即時にということと合わせて、必ずと言っていいかもしれません。必ず食事の時にはお浄土へ還ってきて食事を取る。そして庭を散歩するというのです。これが「天楽地華荘厳」の内容です。

これはどういうことかと申しますと、以前学びました正宗分の冒頭のところに、極楽とはどういう世界かということについて、「これより西方に、十万億の仏土を過ぎて、世界あり」とありました。お浄土というのは、十万億の仏さま方の世界を超えたところにあるのだと。ところがこの「天楽地華荘厳」では、一度超えた世界の仏さまを敬うというのです。浄土というのは、さまざまな価値観、人間のものの考え方、それを超えたところに開かれる世界だと。これが最初に説かれていた内容です。「十万億の仏土」で表されますものは、さまざまなものの考え方だと言っていいと思うのです。少し固い言葉で言えばさまざまな思想でしょう。人がいれば、人の数だけ考えがあり世界があるわけでしょう。そういう意味での世界です。いわば、一人に一つの世界がある。それらの世界を超えたところに浄土はあるのだと。

ところが、ここでは一度超えた世界、その世界を敬うというのです。ですからそこには、十万億のさまざまな人間のものの考え方を超えるということは、ないがしろにするわけではない、拒否するわけではないということがあるわけでしょう。一度超えることを通してさまざまな人間のものの考え方を敬い、それらの考え方との対話の中でいよいよ念仏に生きる道を明らかにしていくのだということでしょう。いろいろなものの考え方を拒絶するのではない。さまざまなものの考え方を考え方として、むしろ敬うのだと。人間の考えは、さまざまな縁を通して生み出されてきているわけでしょうね。さまざまな考えには、そう考えざるを得ないと申しますか、そういう考え方が生み出されてくる背景があったり、いろいろあるわけでしょう。ですから、そういうさまざまな人間の思想、さまざまなものの考え方を受け止めていく。そのことの中で、いよいよ念仏に生きる道を明らかにしていく。こういうことが、この「天楽地華荘厳」ということの中で説かれている内容でしょう。浄土が明らかになった人は、他の人のものの考え方をないがしろにするわけではなくて、敬い、それに学ぶのだと。そういうことがこの天楽地華荘厳というところで説かれている事柄です。

そうしますと、そこに大雑把《おおざっぱ》に分けて、学ぶことの内容が二通りあると思うのです。一つには、念仏を否定する思想というものがあります。それとは緊張関係の中で、いよいよそのことに照らして念仏の教えの真実性を明らかにしていく。そしても、う一方では、私たちは南無阿弥陀仏の伝統の中に生まれてきていますけれども、違う縁の中で、異なった表現が取られているということもあるわけでしょう。そういうことがあるわけです。そうしますと、それに学ぶことを通して、いよいよ南無阿弥陀仏の世界が豊かさと広さを持ってくるということがあるのではないかと思います。ここにも、こういうかたちで念仏の心が表されているではないかと。ですから、緊張関係の中で、照らし返されることを通して念仏とは何かを明らかにしていくという面と、思いも掛《か》けないところに南無阿弥陀仏のはたらきを見出していくという面と、二面があるのではないかと思うわけです。

そして、次の言葉が大事なのでしょう。前を受けるようにして、「すなわち食時《じきじ》をもって、本国に還《かえ》り到りて、飯食《ぼんじき》し経行《きょうぎょう》す」とあります。「すなわち」とありますけれども、「必ず」ということでもありますが、「ただし」という意味で取ってもいいかと思います。食事の時には必ず本国、すなわち浄土へ一度還って食事をとる。浄土の教えを学ぶということです。教えをいただくということです。天親菩薩のお造りになった偈の中に、「愛楽仏法味《あいぎょうぶっぽうみ》　禅三味為食《ぜんざんまいいじき》（仏法の味を愛楽し、禅三味を食とす）」（『願生偈』真宗聖典一三六頁）というお言葉がございます。そこの「食べる」とは、教えをいただくということです。仏法の味を愛楽し、禅三味を食《じき》とす。仏法の智慧を食べる。仏教では自分を育て養《やしな》っていくものを食事として表すのです。ですからここでは、いろいろな思想、ものの考え方を拒否せずに学んでいく中で、念仏の教えを学ぶことは外《はず》せないということでしょう。と申しますのは、もしそのことを外しますなら、生涯の歩みの中で、ようやくにして出遇った本願の教えが見失われていくことになってしまいます。本願は、自分では保てないのです。私たちは、どうしても向こうに救いを求めますから。私を成り立たせ、私の上に開かれてくる真実としての本願によって生きるということは、そのことを表し教えてくださるお言葉を通していただかれてくる事柄なのです。

そのことは最初のころに申しました「有縁の法」ということです。本願の信心は、日々にいただいていく教えを抜きには成り立っていかない。自分で考えて本願の信心に立ち返ろうとしましても、いよいよ複雑にからまっていくだけでしょう。ですから、私に本願を教えてくださる教えに学ぶ時間を生活の中に持つということは大事なことであり、欠かせないことです。それを蓮如上人は、お朝事《あさじ》、あるいは、お夕事《ゆうじ》というかたちで、私たちの生活の中に織《お》り込んでくださったわけでしょう。そのことを抜きにいろいろなことに学ぶとしますと、学んだものによって振り回されて迷うということになっていくのでしょう。もし、教えに還るということがなければ、結局、他の教えや思想に絡《から》めとられてしまって迷いの中に生涯を過ごしていくことになっていくのだと思います。ですから、宗教というのは、生活の中に具体的なかたちを取っていかないことには保たれ続けていくということはできないのではないでしょうか。そういう意味で、ここではいろいろな思想を尊び学ぶわけですけれども、ただでは尊べない。必ず一日に一度は「有縁の法」に学ぶ、本国へ還って食事を取るのだと。お念仏の御法《おみのり》を明らかにしてくださっているお言葉をいただくのだと。そのことがあってこそ、さまざまなものの考え方を通してお念仏を明らかにしていくということが成り立っていくのであって、そのことを抜きには成り立っていかない。そのことがここで教えられているわけです。

そういうことを重々《じゅうじゅう》ご承知で、そういう生活をどのようにして人々の上に開くのかということで蓮如上人が、お勤《つと》めというかたちを人々の生活の中に打ち建ててくださったわけです。それが、いまの『阿弥陀経』でいえば「食時《じきじ》」と教えられているわけで、それは大事な事柄です。ですから、お一人おひとりに相応《ふさわ》しいかたちで念仏の心をいただいていくお勤めを、生み出していかれたらいいのではないでしょうか。もちろん伝統的なものができれば、それに越したことはありませんが。

そしてもう一言、「経行す《きょうぎょう》」とありますが、一定のところを行ったりきたりすることで散歩と言っていいかと思います。このことは、生活の中で自らが依るべき教えに身を置いて、さまざまな考えに照らして念仏に生きる道を、いよいよ明らかにしていくことだと申していいかと思います。

化鳥風樹荘厳

次が化鳥風樹荘厳《けちょうふうじゅ》です。これは、化鳥と風樹が一つになっていますけれども、本当は二つの荘厳なのでしょう。二つが一つにまとめられているのだと思います。『阿弥陀経』のもう一つの訳でありますと、玄奘三蔵の訳では別々になっています。化鳥荘厳と風樹荘厳です。ですから、環境として説かれております極楽の荘厳は風樹荘厳で終わっているわけです。

それでは、化鳥風樹荘厳の全体を読ませていただきます。

また次に、舎利弗、かの国には常に種種《しゅじゅ》の奇妙雑色《きみょうざっしき》の鳥あり。白鵠《びゃっこう》・孔雀《くじゃく》・鸚《おう》鵡《む》・舎利《しゃり》・迦陵頻伽《かりょうびんが》・共命《ぐみょう》の鳥なり。このもろもろの衆鳥《しゅちょう》、昼夜六時に和雅《わげ》の音《こえ》を出《い》だす。その音《こえ》、五根《ごこん》・五力《ごりき》・七菩提分《しちぼだいぶん》・八聖道分《はっしょうどうぶん》、かくのごときらの法を演暢《えんちょう》す。その土の衆生、この音《こえ》を聞き已《おわ》りて、みなことごとく仏を念じ、法を念じ、僧を念ず。舎利弗、汝《なんじ》、この鳥は実にこれ罪報《ざいほう》の所生《しょしょう》なりと謂《おも》うことなかれ。所以《ゆえ》は何《いか》ん。かの仏国土には三悪趣《さんあくしゅ》なければなり。舎利弗、その仏国土には、なお三悪道《さんあくどう》の名なし。何《いか》にいわんや実にこのもろもろの衆鳥あらんや。みなこれ阿弥陀仏、法音をして宣流《せんる》せしめんと欲《ほっ》して、変化《へんげ》して作《な》したまうところなり。舎利弗、かの仏国土には、微風《みふう》、もろもろの宝の行樹《ぎょうじゅ》および宝の羅網《らもう》を吹き動かすに、微妙《みみょう》の音《こえ》を出だす。たとえば百千種の楽《がく》の同時に倶《とも》に作《な》すがごとし。この音《こえ》を聞く者、みな自然《じねん》に念仏《ねんぶつ》・念法《ねんぽう》・念僧《ねんそう》の心を生ず。舎利弗、その仏国土には、かくのごときの功徳荘厳を成就せり。（真宗聖典一二七頁）

後半の風樹荘厳のはじめのところには、これまでの四つの荘厳の冒頭と同じように「舎利弗、かの仏国土には」とあらためて説かれています。そのことからしましても、この荘厳は化鳥風樹荘厳として一つになっていますが、化鳥荘厳と風樹荘厳との二つの荘厳が説かれていると申していいかと思います。風景としては樹の中を鳥が飛んでいますから一つにしていただかれているということなのでしょう。

ところで、鳥で表されますものは、おのずからイメージされるかと思いますが、自在性と言っていいのではないでしょうか。インドには非常に美しい鳥がたくさんいるらしいのですけれども、自在さを失わないと言ってよろしいでしょうね。自在さを失わない在り方です。

ここで注意されますのは、インドにおける伝説上の鳥なのでしょうけれども、「共《ぐ》命鳥《みょうちょう》」という名前の鳥です。この鳥は体《からだ》は一つで頭が二つという、一身《しん》二頭《とう》の鳥です。頭が二つあるということは、考えが全然違うわけです。しかし体は一つだというわけです。考えが違うものですから、片一方の鳥が、もう一方の鳥に対してあいつは生意気《なまいき》だ、やっつけろということで毒を盛《も》ったというのです。そうしたら体は一つですから自分も死んでしまったという、そういう悲しみを秘めた想像上の鳥です。いつも考えがぶつかって仲が悪い一身二頭の鳥です。その仲の悪い鳥が極楽においては共にあることができるということです。そういう意味を表しているのが「共命鳥」だと言われています。

自在ということで一番大事なのは、関係性が自在でないと、自在とは言えないということがあります。一人になったら自在だけれども、二人になったら自在ではないということでは、わがままと一緒です。そういう意味で「共命鳥」ということが自在を意味する鳥の荘厳の中に置かれているのではないかと思います。

『大無量寿経』の中で関係性の問題が説かれておりますのが、第二十二願の本願なのですけれども、

たとい我《われ》、仏を得《え》んに、他方の仏土のもろもろの菩薩衆《ぼさつしゅ》、我が国に来生《らいしょう》して、究竟《くきょう》して必ず一生補処《いっしょうふしょ》に至らん。その本願の自在《じざい》の所化《しょけ》、衆生のためのゆえに、弘《ぐ》誓《ぜい》の鎧《よろい》を被《き》て、徳本《とくほん》を積累《しゃくるい》し、一切を度脱《どだつ》し、諸仏の国に遊んで、菩薩の行を修し、十方の諸仏如来を供養《くよう》し、恒沙無量《ごうじゃむりょう》の衆生を開化《かいけ》して、無上正真《むじょうしょうしん》の道を立てしめんをば除かん。常倫《じょうりん》に超出《ちょうしゅつ》し、諸地《しょじ》の行現前し、普賢《ふげん》の徳を修習《しゅじゅう》せん。もし爾《しか》らずんば、正覚《しょうがく》を取らじ。

（真宗聖典一八―一九頁）

こういう本願のお言葉が『大無量寿経』には説かれています。そこに「十方の諸仏如来を供養し」とありますが、それはどのような人も本願に生きる人として敬うということです。そのことを成り立たせるものが、「弘誓の鎧《よろい》を被《き》」るということなのでしょう。「被る」ということは身につけるということです。お念仏の御法《おみのり》を聴聞をしているうちに、本願のお心が身についてくるということなのでしょう。鎧というのは独特の表現ですけれども、おのずからに本願の徳が身についてくる。そうしますと、ど

のような人も、本願に生きる人として敬う心が、そこに開かれてくるということでしょう。

浄土というのは、これまで申してきましたように、本願が開いてくださる生活ですから、人間の作為性《さくいせい》を超えているのです。このようなことについて遠藤周作さんはこういう言い方をなさっています。「キリストは、いやな人間の中にもいます。いい人間の中にもいます。だから、私は他人の中のキリストにいつも会っているのではないか、と思うと、私にはとても気楽なのです」（『私にとって神とは』一二九頁・光文社刊）。この遠藤さんのお言葉に合わせて申しますなら、本願の御法を聞いていれば、どのような人のところにも仏さまのお心がはたらいておられることがいただかれてくると申していいかと思います。そのようなこととして一身二頭の共命鳥が、極楽では共にあることができるとして説かれていると言っていいのではないでしょうか。

風樹荘厳

そして最後が、風樹荘厳です。浄土の依報荘厳は宝樹で始まって、風樹で終わるわけです。これが依報荘厳です。樹というのは前に申しましたように聞法生活を表しています。ここで風が表しておりますのは、さまざまな問題なのでしょう。毎日新聞に「時代の風」というタイトルで、識者と言われる知識人が、時代のいろいろな問題を取り上げて論じている欄があります。相当に長い間続いているものです。そのように風で表されますのは時代社会のさまざまな問題です。ここでも、そういうことでしょう。時代社会の問題に限定する必要はありませんが、さまざまな問題を受けて聞法しておられる方々が、教えの心を個性的に表現なさっていかれる。そういうことで結ばれているといただかれるわけであります。そういう意味では、学《がく》のある人は学のある表現で、生活に追われている人は生活に追われている生活の姿で、教えを表現されているわけです。

蓮如上人と親鸞聖人でも、その表現は全然違います。そうでありながら蓮如上人は、『御文《おふみ》』は千の『教行信証』を一にまで凝縮して著したのだとおっしゃっています。私たちからしますと、全然違うのではないかと思いますけれども、そのようにおっしゃっているわけです。そこには、『教行信証』が蓮如上人の個性と問題関心を通しますま時に、『御文』になるわけです。ちょっと待てよと言いたくなるほど表された姿は違うわけです。ですから、異なった個性や問題を通して教えをいただいていかれるとしますなら、それぞれのところで、それぞれの表現がとられてくるということがあるわけなのでしょう。それが、「微妙の音を出だす」ということです。以上が、依報荘厳と言われる一段ということになります。

六　正報荘厳——阿弥陀仏・声聞・菩薩

私たちの身の現実

二〇一六年四月十四日の夜、熊本地震がありました。皆さんも、それぞれのところでいろいろとお感じになられていることでしょうが、人の世というのは、これほどにすさまじいのか。そんなことが、年々、老いの身の実感として、感じられてきているということがあります。そして、それは外にだけあるということではなくて、親鸞聖人の場合は、これまでも申し上げさせていただいてきたと思うのですが、内面のすさまじさ、煩悩のすさまじさということもあります。そういうことでは、内外のすさまじさです。内も外も、すさまじい現実を日々、私たちは生きているものなんだという感覚があります。

そういう中で思いますことは、お念仏の教えの一番根本になっております『大無量寿経』という、浄土三部経の中では一番長い経典がありますけれども、その経典の約四分の一が「三毒五悪段《さんどくごあくだん》」と言われます一段だということです。「三毒」とは一人ひとりの煩悩の現実です。「五悪」というのは、その煩悩の身が作り合っている私たちの社会の姿です。つまり人の世の現実です。それが延々と説かれているわけです。これが『大無量寿経』という経典の大きな特徴なのです。普通、経典と言いますと、仏さまの世界が説かれているのではないかと思います。ところが『大無量寿経』という経典は、四分の一が人の世の現実と、一人ひとりの身の煩悩のすさまじさを内容としているわけです。そして、そういう現実を生きる身の救いとして、念仏の教えが、『大無量寿経』では説かれているのです。

これまでご一緒に学ばせていただいてきたわけですけれども、念仏の教えというのは、根本的にいったい何を教えてくださっているのか。そのことを一言で申しますなら、そのようなすさまじい身、あるいは社会の現実。そういう身と社会の現実を生きる私たちに、依りどころを開こうとしてくださっている。その依りどころのことを、清沢満之先生は、「完全なる立脚地」（「精神主義」）と言われています。どういう状況の中であったとしても、そのことに依りながら、事《こと》に処していくことができる。もう一つ言えば、どのような状況にあったとしても、それを力にして生きていくことができる、そして心開かれた未来が我われに恵まれてくる。そういう立脚地です。それが『大無量寿経』の御法《おみのり》の眼目になっているわけです。

ですから、「三毒五悪」として説かれております現実を離れて、別のところに仏さまの世界があるわけではなくて、「三毒五悪」の真っただ中に仏さまがはたらいていてくださる。そして、そこに生きている身に仏さまの世界が開かれてくるのだということです。そして、そういう真実が、これまで申し上げてまいりました言葉で申しますと、「本願」という言葉で表されている真実です。インド以来、ずっと「本願」という言葉で、私たちの依りどころとなる「まこと」が伝えられ続けてきているわけです。

なぜ、その真実が「本願」という言葉で伝えられ続けてきたのか。そこには、本願という言葉で表され、伝えられ続けてきた由縁《ゆえん》があるはずです。そのことについて、私は二つの意味で受け取っています。一つは、本願という真実は、私たちに目覚めを願い続けてくださっている「まこと」だということです。私たちは気づいていないのかもわからないのですけれど、私たちに目覚めを願い続けてくださっている「まこと」があるということで、本願と表され続けてきたということです。そしていま一つは、その真実は私たちの生きる願いとなってくださる真実だということです。ですから、依りどころと言っても願いです。私たちの生きる願い。もっと言えば、志願と言っていいかもわかりません。どのような状況であったとしても、私たちを支えていくものは、志願なんでしょう。志願がなくなったら、もう生きていけない。人間として生きるということは成り立っていかないのではないでしょうか。生きているということは、志願が失われていないということ。こう言ってもいいのではないでしょうか。

それでは、問題はどうやってその本願に気づくのか、目覚めるのかということです。このことについては親鸞聖人が非常に丁寧《ていねい》に、ご苦労して教えてくださっていますのことは、どのようにしてご自身が、本願に目覚めることができたのか。さらには、本願をいただき続ける歩みができているのか。そういうことをくぐって、私たちに教えてくださっていると申していいわけでしょう。法然上人は、生涯お念仏の教えをお説きになるというお立場です。それに対して、親鸞聖人はそれをいただくという立場に、生涯身を置いていかれました。ですから法然上人は、端的に「念仏して本願に生きようではないか」と、このこと一つでしょう。親鸞聖人は、それでは本願にどのようにして私たちが目覚めることができるのか。ご自身もでしょうし、容易に目覚めることのできない人々と共に生きていかれた。そこに内容としては同じですけど、表現を少し異《こと》にした、いくつかの言葉をもって教えてくださっているということがあるわけです。

釈迦弥陀《しゃかみだ》は慈悲の父母《ぶも》　種種《しゅじゅ》に善巧《ぜんぎょう》方便《ほうべん》し

われらが無上の信心を
発起《ほっき》せしめたまいけり　（『高僧和讃』真宗聖典四九六頁）

これがその中の一つです。釈迦・弥陀二尊のお手立《てだ》てによってだということです。信心というのを普通は、どうしても私たちが仏さまや神さまを自分の心で信ずることだと思うのですが、そうではなくして、親鸞聖人がおっしゃる信心というのは、私たちの上に本願が開かれてきて、その本願が私の生きる心となってくださった、その心を信心とおっしゃるわけです。ですから、本願と信心とは別のものではないわけです。

これは蓮如上人のお言葉です。

信心といえる二字《にじ》をばまことのこころとよめるなり。まことのこころというは、行者のわろき自力のこころにてはたすからず、如来の他力のよきこころにてたすかるがゆえに、まことのこころとはもうすなり。（『御文』真宗聖典七七六頁）

信心というのは、「まことのこころ」と読むんだとおっしゃっています。そして、行者の悪《わろ》き心では助からない。如来のまことの心で、我らは助けられていくんだと。如来のまことの心が依りどころとなる。それは、本願が私の上に「南無阿弥陀仏」と開かれてきて、その心が未来を開いていってくださるんだということでしょう。ですから、信心というのは如来の心なんだというのが、蓮如上人が『御文《おふみ》』でおっしゃってくださっている事柄です。

そして、いま一つ。親鸞聖人が関東のお同行《どうぎょう》の方々に書き送られた中の一節です。

この信心のおこることも、釈迦の慈父《じふ》、弥陀の悲母《ひも》の方便によりて、おこるなり。これ自然《じねん》の利益《りやく》なりとしるべしとなり。（『唯信鈔文意』真宗聖典五四九頁）

ここでは、信心のことを「おこる」とおっしゃり、そしてさらに、信心が起こることは利益なんだと言っておられます。教えをいただいているならば、おのずから本願は、「南無阿弥陀仏」となって我らの上に起こされてくるんだと。そして、それは自然の利益だということです。自然にです。自然にということは、必然的にということです。本願は私たちの上に「南無阿弥陀仏」となって教えを縁として起こされてくるんだと。これは、親鸞聖人が繰り返しおっしゃることです。もし私たちが自分の力で起こそうとしますなら、むしろそのことが邪魔をして起こされてこないんだと。ですから、教えをいただきなさいとおっしゃっているわけです。そのように親鸞聖人は、繰り返し繰り返し、釈迦弥陀二尊のはたらきによって南無阿弥陀仏という心は、我われの上に開かれてくるんだと言われています。信心について「発起《ほっき》」とか「おこる」と言うのは、独特の言い方です。信心というのは発起してくるんだ。「開発《かいほつ》」とも言われます。

もう一つは、これは親鸞聖人がお使いになっているのですけれども、「出《い》でたまえり」とおっしゃっています。出るという言葉で信心のことをおっしゃいます。我らの身から教えが縁となって出てくるんだと。要するに教えを通して、「南無阿弥陀仏」として我らの上に開かれてくるんだということです。

今回の震災を通しまして、大切なことは依りどころなんだということを、私自身あらためて気づかされたのです。それこそ、依りどころを失えば、いろんな問題状況に翻弄《ほんろう》されるだけになってしまいます。しかし翻弄されていることの中にも、何か依りどころがあるということが、本願念仏の御法の大切なところではないでしょうか。そういうことでは、人生のどこかで本願に、〝これが依りどころか〟というかたちで〝南無阿弥陀仏〟として巡《めぐ》り遇うわけでしょうけれども、そのことがいろんな出来事の中で失われていく、保てなくなっていく。しかし、もし一度出遇ったとしますなら、出遇った人においては、いただいていくことが生涯の課題になっていくわけでしょう。そういう私たちに、本願に生きる生涯の歩みを保たせ続け、回復し続けていってくださる経典が『阿弥陀経』であると。そのことを最初から繰り返し申し上げてきたわけです。

これまでは、それが環境的な表現、樹とか、池とか、鳥とか、天から降ってくる華とか、環境的な表現を通して、四つの功徳荘厳として説かれてきたわけです。それが終わりまして、これからは、正報《しょうほう》荘厳の一段へ入ってまいります。

阿弥陀仏とは

依報荘厳に対して正報荘厳です。念仏に生きていかれた方々のお姿と申しますか、はたらきが、聖衆《しょうじゅ》（浄土の人々）のこととして説かれている一段です。これも報《ほう》という字がついていますように、本願に出遇った人の上に現されてくる姿です。

本願に出遇った人と申しますと、鎌倉の時代に関東で、何千人という方々が、教法に学んでおられたということは本当に不思議です。現代でもそうではないでしょうか。ずっと毎日、お勤めというかたちで「正信偈」を読み、「和讃」を読み、「御文」を読んでこられた方々が、何万とおられたという。これは、教科書の日本史の中にはありませんけれども、そういう流れが、日本人の中に脈々と流れ続けてきていたということは不思議なことだと思います。それはもう、人間の努力じゃないですね。どのような人のところにもはたらいている本願のはたらきなのでしょう。本願が縁をまって開いてきたかたちでしょう。ですから、現在もお朝事というかたちで、黙々《もくもく》と続けられているわけでしょう。学者とかは、そういうことにあまり注目しないのでしょう。しかし、そういう流れが間違いなく流れ続けてきているわけです。

ところで正報荘厳の最初は、阿弥陀仏です。阿弥陀仏とは何かということです。これは人ということではなく、人を人たらしめている「まこと」を阿弥陀仏ということで、説かれているわけです。それから、声聞《しょうもん》と菩薩です。阿弥陀仏は「法《ほう》」、まことです。人をして人たらしめている。法律の法にも、そういう意味があるのではないでしょうか。法律は、人間社会を成り立たせ、人間社会たらしめているもの。「仏法」は人を人たらしめている法、まことですね。そこに、阿弥陀仏とは何かということをお釈迦さまが説いてくださっているわけです。

舎利弗、汝《なんじ》が意《こころ》において云何《いかん》。かの仏を何のゆえぞ阿弥陀《あみだ》と号《ごう》する。舎利弗、かの仏の光明、無量にして、十方の国を照らすに、障碍《しょうげ》するところなし。このゆえに号《ごう》して阿弥陀とす。また舎利弗、かの仏の寿命およびその人民《にんみん》も、無量無辺《むりょうむへん》阿僧祇劫《あそうぎこう》なり、かるがゆえに阿弥陀と名づく。舎利弗、阿弥陀仏、成仏より已《この》

来《かた》、いまに十劫《じっこう》なり。　（真宗聖典一二八頁）

と。これだけで、阿弥陀仏とは何かということをお釈迦さまは舎利弗に対してお説きくださっているわけです。

そこに一言、「舎利弗、汝が意において云何」と。〃どうだ、お前。このことが、はっきりしておるか〃と。この言葉が『阿弥陀経』では二回出てくるのですが、ここは一回目の「於汝意云何《おにょいうんが》」です。これは、特にここが大事だぞということでしょう。念仏の御法《おみのり》、教えを学んでいく上で、ここが要《かなめ》のところなんだと。このことをはっきりしておかなくてはいかんと。一方的に〃舎利弗、舎利弗〃と説いておられた釈尊が突然、「舎利弗、汝が意において云何」と言われたわけです。お前は、このことをどう受け取っておるのかと、舎利弗は驚いたと思います。目が覚めるというか、はっとしたのではないでしょうか。先ほどの和讃に「種種に善巧方便《ぜんぎょうほうべん》し」とありましたが、これも善巧方便、巧《たく》みな手立てなんでしょう。このことは、はっきりしておかなくちゃいかんと、そう言ってお説きになるわけです。

それを受けて、どう説いておられるのかと言いますと、「かの仏の光明、無量にして、十方の国を照らすに、障碍するところなし。このゆえに号して阿弥陀とす」と。

阿弥陀というのは、一つには無量光、サンスクリット語で言えばアミターバを表します。そしていま一つは、「また舎利弗、かの仏の寿命およびその人民も、無量無辺阿僧祇劫なり、かるがゆえに阿弥陀と名づく」と。阿弥陀仏というのは無量寿、アミターユスという意味だと。阿弥陀という一語には、無量光という意味と無量寿という意味の両方が重なっているわけです。

本願の名号

ここで大事なことは、「舎利弗、かの仏の光明、無量にして、十方の国を照らすに、障碍するところなし。このゆえに号して阿弥陀とす」と。光明の方は、「号して」とあります。それに対して、寿命無量の方は、「また舎利弗、かの仏の寿命およびその人民も、無量無辺阿僧祇劫なり、かるがゆえに阿弥陀と名づく」と、「名づく」です。両方を合わせますと「名号」です。

そうしますと、無量寿とか無量光というのは、どこか客観的にあって、我われが知ることができるというものではないわけです。『阿弥陀経』では、特に「号」と「名」として文字を使い分けることによって、阿弥陀仏というのはいったいどういう仏さまかということを教えてくださっているわけです。号と名とを合わせれば「名号」です。名号ということは、名告《なの》り出てくださる仏さまだということです。どこか向こうに、我われが思い描《えが》く仏さまではない。名号仏です。名号仏ということは、名告り出てくださる仏さま。ですから、普通仏さまということでしたら、「阿弥陀仏」だけです。しかし親鸞聖人のご本尊《ほんぞん》は「南無阿弥陀仏」です。「南無」がついているわけです。「南無阿弥陀仏」が仏さまなのです。それは、一人ひとりの上に〝南無阿弥陀仏〟と名告り出てくださる仏さまが阿弥陀仏だということを表しています。どうしても仏さまというと、向こうにおられるのではないかと、それが普通、私たちの考える仏さまに対する理解です。そういう私たちの仏さまに対するとらえ方を克服《こくふく》せしめようとなさってくださった方が、親鸞聖人を受けて、蓮如上人です。盛んに南無阿弥陀仏というお名号を書いて、人々に渡していかれたのです。上人が書かれたものの中に「虎《とら》斑《ふ》の名号」というものがあります。これは何かと言いますと、むしろの上で書かれたわけです。すると、むしろの跡《あと》が虎の紋《もん》のようになっているものですから、「虎斑の名号」と言われているわけです。むしろの跡がついているというところには、こと改まってということではなく、人々の生活と共にはたらいてくださっている仏さま、さらに言えば、生活の中から名告り出てくださる仏さまということを感じさせられます。

私たちを救う仏さまは南無阿弥陀仏だということで、室町の時代に、人々の中に植《う》えつけていかれた。それが蓮如上人の一つの大きなお仕事です。蓮如上人の書かれた南無阿弥陀仏の名号は見かけることがあるかと思います。南無阿弥陀仏を仏さまだと明確にされたのは親鸞聖人です。仏さまというと阿弥陀仏と受け取られてきていたのを南無阿弥陀仏として明らかにしてくださったのは親鸞聖人です。ですから、阿弥陀仏というのは、どこかに私たちが思い浮かべるものとしてあるのではなくて、〝南無阿弥陀仏〟として、さまざまな問題を抱えて生きております私たち一人ひとりの上に名告り出てくださる仏さまだと。それが名号ということの意味です。

それでは、名告り出てくださるとはどういうことかということですが、親鸞聖人は名と号について、こういうふうに述べておられます。

名《みょう》の字は、因位《いんに》のときのなを名という。号《ごう》の字は、果位《かい》のときのなを号という。

(『正像末和讃』真宗聖典五一〇頁)

と。別に難しいことではありません。名告り出てくださる仏さまと、名告り出てくださった仏さまということです。名告り出てくださる仏さまが因位の時の名です。「正信偈」には、「法蔵《ほうぞう》菩薩《ぼさつ》因位時《いんにじ》（法蔵菩薩の因位の時）」とあります。その「因」です。そのことから申しますなら、名告り出てくださる仏さま、無量寿というのは法蔵菩薩の本願のことです。そして、果位の時の名というのは無量光のことです。このことは先ほど、「かの仏の光明、無量にして、十方の国を照らすに、障碍するところなし。このゆえに号して阿弥陀とす」とありました。南無阿弥陀仏と名告り出てくださったところに現れてくださる仏さまが無量光、光明無量です。要するに、本願が名告り出てくださるところに、光明に包まれるということです。そこで大事なのは無量寿です。「南無阿弥陀仏」と名告り出てくださる仏さまです。本願のことです。

　そして、無量寿の方には、こう説かれていました。「また舎利弗、かの仏の寿命およびその人民も、無量無辺阿僧祇劫なり、かるがゆえに阿弥陀と名づく」と。そうしますと、無量寿は仏さまだけが無量寿ではないんです。人民も無量寿だと。仏さまだけではなくて、浄土の人々、念仏に生きる人々も無量寿だとあります。このことで、何を言おうとしておられるのかと申しますと、無量寿、つまり本願というのは、私たちのいのちとなってはたらいてくださっている仏さまだということです。

そういうことを、私たちに教えてくださったのは、曽我量深先生でした。曽我先生もお若い時は、どこか、向こうに仏さまがいらっしゃるのではないかということで、お考えになっておられたようです。曽我先生は、戦争の時代を生きてこられた先生です。日清戦争が二十歳の時でしたでしょうか、日露戦争が三十歳の時です。そして、第一次大戦が四十歳です。十年ごとに戦争を乗り越えていかれた。正確には忘れましたけど、満州事変が五十六歳で、第二次大戦までは少し間が空いていますけれども、そのように十年ごとに戦争です。そういう中で、曽我先生は、ほかの縁もいろいろおありだったのでしょうけれども、行き詰《づ》まっていかれたのではないかと思います。そのようにすさまじい現実を生きる身が対象的な如来によって果《は》たして救われるのかということで、大きな問いをご自分に抱えられたわけです。単に有り難い、有り難いと言って済むものではないんじゃないかと。そういうところに立って何度も何度も、親鸞聖人に学び直していかれたのでしょう。

そして到達なさったところで表されました、有名なお言葉があります。「如来我《われ》となりて我を救ひ給《たも》ふ（中略）如来我となるとは法蔵菩薩降誕《ごうたん》のことなり」（『曽我量深選集』第二巻・四〇八頁）というお言葉です。法蔵菩薩として誕生してくださった如来。

「如来我を救いたもうや」という課題を抱えている曽我先生の上に、法蔵菩薩として如来が誕生してくださったと。それは外にある如来ではなくて、内なる如来です。煩悩の身の内にあって、内から名告り出てくださる如来です。それが法蔵菩薩。しかし、自分で内に法蔵菩薩を探《さが》したとしても出てこないのでしょう。教えが縁となって、いわば行き詰まりを抱えている私たちの上に名告り出てくださる「まこと」があると。それが、誰の上にもはたらいてくださっている如来なのだと。そういうことです。そういう意味で、先のお言葉は曽我先生ご自身が、救われる如来と出遇われた時の表現です。そのように名告ってくださる如来が無量寿です。それに対して無量光というのは、名告り出てくださることによって、我われの上に光が恵まれる。心が開かれると言ってもいいかと思います。それが無量光です。曽我先生は開かれた心境と表現されています。心境というと軽く聞こえますが、軽いものではないのです。そもそも阿弥陀というのは感動の言葉ですから、期せずして人生の闇が破られたという、喜びを持った心境でしょうね。いま申しましたようなことを、『大無量寿経』にはこのように説かれております。

今《いま》仏に値《もうあ》うことを得て、また無量寿仏《むりょうじゅぶつ》の声《みな》を聞きて歓喜《かんぎ》せざるものなし。心開《こころかい》明《みょう》することを得《え》つ。
（真宗聖典六四頁）

「心開明することを得つ」、心が開かれたと。これが、いまの無量寿と無量光の『大無量寿経』の中の生きた表現と言っていいわけでしょう。「心得開明《しんとくかいみょう》」です。

声聞

それでは、次の正報荘厳として説かれております「声聞《しょうもん》」と「菩薩」についてです。まず声聞ですが、教えを聞き、学ぶ人のことです。元々《もともと》は、お釈迦さまのお弟子を声聞と言うのですが、ここで声聞と説かれておりますのは、先ほど少し申しましたけれども、本願に出遇った方々の具体的な生活の姿です。念仏に生きていかれた方々の具体的な姿です。それが声聞です。どこまでも教えを学ぶ人であり、教えを聞く人です。聞くというところに身を置いて歩み続けてこられた方々の伝統が真宗の伝統です。

真宗の報恩講にしましても、いろんな行事にしましても、ご門徒の方々がお話をお聞きになる。この姿というのは、現代という時代に希有《けう》な姿だと思います。お念仏に生きてこられた方々は、生涯教えに学び続けていかれた方々です。ここで思い出しますのが安田理深先生です。安田先生は、曽我先生を通してお念仏の御法を学び続けていかれた方です。厳《きび》しく学び続けていかれた。しかし、これは何も有名な先生だけではなくて、皆さん方にご縁のある方々の中にも、生涯、聞法をされ続けていかれた方がおられるのではないでしょうか。それが声聞というかたちで、ここで説かれている内容だと言っていいのではないでしょうか。ですから、先ほど申しましたように、もし私たちが本願に遇ったとしますなら、そこから、いよいよその本願を明らかにしていく歩みを始めていかざるを得なくなっていくわけでしょう。惑いながらも、限りなく本願に立ち返っていく歩みをせざるを得なくなっていく。それが生涯の聞法でしょう。それがいま、声聞という言葉で表されている内容であります。

そして、その声聞について「みな阿羅漢《あらかん》なり」とあります。この「阿羅漢」というのは、応供《おうぐ》とも訳されまして、供養を受けるのに値《あたい》する者という意味で、涅槃の徳を表しておられる方と言っていいかと思います。聞法なさっておられるというから厳しい人かというと、そうばかりではないということでしょう。涅槃の徳を表しておられる。柔和《にゅうわ》な、こちらに喜びを感じさせてくださるような、そういうお徳を表しておられるということでしょう。

ございます。

そして、「これ算数《さんじゅ》の能《よ》く知るところにあらず」と、数えられないほどおられると

菩薩

そして、次に菩薩が説かれてまいります。

もろもろの菩薩衆《ぼさつしゅ》もまたかくのごとし。舎利弗、かの仏国土には、かくのごとき功徳荘厳《くどくしょうごん》を成就せり。

また舎利弗、極楽国土の衆生と生まるる者は、みなこれ阿鞞跋致《あびばっち》なり。その中に、多く一生補処《いっしょうふしょ》あり、その数はなはだ多し。これ算数《さんじゅ》の能《よ》くこれを知るところにあらず。但《ただ》、無量無辺阿僧祇劫《あそうぎこう》をもって説くべし。

（真宗聖典一二八―一二九頁）

無数の菩薩がいらっしゃるということが説かれていますが、経典というのは、どうしても出家教団の中に伝承されてきているということがございますから、その立場から言えば、声聞と菩薩は別だという受け止めも当然できるかと思います。しかし、親鸞聖人を通していただきますと、それは別にしておられないと申してよろしいかと思

います。

菩薩というのは何かと言いますと自利利他《じりりた》の救いを求める志願に生きる者ということです。自らも救われ、他の人々も救われるという志願。仏教の救いは自利利他の救いなんです。私が救われると同時に、縁のある人々も間違いなく救われていくということが確証されないと、私の救いも成り立っていかない。そういうことで、自らの救いを求め、そして他の人々の上にもその救いを開いていこうとなさる方が菩薩です。出家教団に伝えられてきている『阿弥陀経』のいただき方としては声聞と菩薩とは別なんでしょうけれども、親鸞聖人の立場に立っていただきますなら、菩薩というのは声聞と別におられるわけではない。具体的には念仏者のことであり、いまほど申しました声聞と別ではありません。声聞の上に法によって表されてくるはたらきのことです。それが菩薩として説かれていると申し上げていいと思います。

お念仏に生きている人は、その人自身にとどまらず、同じくお念仏に生きていく人をそこに生み出し続けていく。法のはたらきによって菩薩たらしめられていく。そういう意味の菩薩でしょう。これが親鸞聖人のおっしゃる菩薩です。親鸞聖人は、聖人の学習ノートとも言われております『愚禿鈔《ぐとくしょう》』の中で、

「汝《なんじ》」の言《ごん》は行者《ぎょうじゃ》なり、これすなわち必定《ひつじょう》の菩薩と名づく（真宗聖典四五五頁）

とおっしゃっています。「汝」というのは、阿弥陀如来から「汝」と呼びかけられる者ということです。そして、この「行者なり」というのが、教えに学び続けている声聞のことです。阿弥陀仏に出遇い、汝と呼びかけられる人は、「行者」になる。教えを学ぶ人になる。これが「行者」です。そして、同時にその「行者」は「菩薩」と仏さまから名づけられるというのです。ですから菩薩というのは、仏さまによって名づけられる者ということで、それは法の徳が、その人の上にはたらいて、利他のはたらきが表れてくるということです。それで菩薩と名づけられるというわけです。ですから、声聞と別にいるわけじゃないのでしょう。学んでおられる方の上に表されてくる徳です。このように行者が、また、仏さまから菩薩と名づけられるのだという記し方で、親鸞聖人は、声聞と菩薩は別ではないということを押さえておられます。

よき人との出遇い

そして、ここに三通りの菩薩が説かれています。一つは、「もろもろの菩薩」。もう一つは、「阿鞞跋致《あびばっち》の菩薩」。それから三番目が、「一生補処《いっしょうふしょ》の菩薩」です。これも出家教団の立場から読めば、菩薩に三段階があるということになるわけでしょう。しかし私は、この三通りの菩薩方というのは、私たちを導いてくださる方との出遇いの深まりだろうと受け取っているのです。私なら私の、よき人に対する出遇いの深まりです。これは私の了解です。それで、まず「もろもろの菩薩」ということですが、この菩薩と申しますのは、いわば一般的な意味で私を導いてくださる方ということでしょう。まずは、そこから始まるのではないでしょうか。

そして、その次の「阿鞞跋致の菩薩」というのは不退転地《ふたいてんじ》の菩薩ということです。それのサンスクリット語の音写《おんしゃ》です。不退の菩薩ということ、このことが大事なんだろうと思うんです。本願に生きることから退《しりぞ》かない。放棄しないということです。そのことについて曽我先生は、この世にあって不退ということがどうして成り立つのかということをおっしゃっています。この世において、南無阿弥陀仏に生きることに退かない、そのことを捨てない、放棄しない。そのことがどのようにして成り立つのかということをおっしゃっています。ということは、逆に言えば、南無阿弥陀仏を妨げるものはいったい何かという問題になります。

それで、そのことについて曽我先生は、こういうことをおっしゃっています。「善悪から自由である」ということだと。善悪を立場としないということ。それは、善悪はどうでもいいということではありません。善悪に対するとらわれから解放されているということでしょう。しかし、これは容易なことではないですよね。そういうことでは曽我先生自身も善悪に惑《まど》われながら、そのことへのとらわれを克服なさり続けていかれたと申していいのではないでしょうか。と申しますのは、善悪の心を立場としますと、いろんな問題を抱えて生きております、この複雑きわまりない人間生活全体の依りどころとなろうとしてはたらいてくださっていいます本願がいただけなくなっていくわけでしょう。善悪の心が立場になってですね。しかし、人間は善悪で生きているわけですから、その善悪の心を立場とすることから脱却《だっきゃく》するということは、容易なことではないわけです。どうしてもそこに、絡《から》めとられていきます。

親鸞聖人が、本願をいただいて生きていこうとするについて、教えてくださっていますます大事な点が、特にこの一点なんです。善悪渦巻《うずま》く世界に生きてる私たちにおいて、まず本願に立つということでしょう。そして、そこから善悪の世を生きていくということです。曽我先生は、「純粋な宗教という世界に帰る時には、最も大切な善悪の計いを先ず捨てなければならない」（『親鸞の大地』二九頁・彌生書房刊）とおっしゃっています。本願をいただくことの中で善悪の世界を生きていく。それが逆に、善悪が立場になりますと、念仏はいただけなくなってまいります。そしてまた、実際のところ、この現実は、善悪で割り切って処することができるほど単純な現実ではないわけです。遠くから見ている時には善悪で処していけそうに思いますけれど、その現実に近づけば近づくほど判断がつかなくなっていくということがあります。むしろそうであればこそ、善悪を超えてこの現実を生きていく依りどころになってくださるのが南無阿弥陀仏なんでしょう。

しかし、私たちは善悪にとらわれて、人生の立脚地がはっきり定まっていかないわけです。ですから、「不退の菩薩」というのは、私たちが常に善悪に絡めとられていく、その惑いをご自身超えられて、その惑いを超えしめてくださる方としてのよき人との出遇いを表しているといただかれます。ご自身が善悪を立場とする在り方と葛藤《かっとう》なさりながら、それを克服してお念仏に生きていかれたんだなあと、そのようなよき人との出遇いと申していいのではないでしょうか。こちらの問題の深まりによって、導いてくださる方が不退の菩薩としていただかれていくということであります。

そして、次の「一生補処《いっしょうふしょ》の菩薩」です。「一生補処」という言葉上の意味は置いておきますが、親鸞聖人は、「一生補処の菩薩」というのを、浄土からやってきた菩薩として受け止められて、「還相《げんそう》の菩薩」とおっしゃっています。そのことを通していただきますなら、ここでいう一生補処の菩薩とは、浄土から私のために、この世にお生まれくださった方としていただかれるのではないでしょうか。それは、いよいよ自分が迷いの身だということを知らされてまいりますと、よき人がそういう方としていただかれてくるということでしょう。それこそ生老病死が迫《せま》ってきて、自分の人生が重くなっていく中で、いよいよ、私のためにお生まれくださった方としてよき人がいただかれてくる。それがここでの一生補処の菩薩ではないでしょうか。

そのようにして、三通りの菩薩というのはこちらの人生経験をくぐっての、よき人、私を仏法に導いてくださる方との出遇いの深まりとしていただかれることです。もろもろの菩薩から不退の菩薩へ、さらに一生補処の菩薩へという深まり。それが、『阿弥陀経』に説かれている三通りの菩薩としていただくことができるのではないか、そのように私自身はいただいているわけであります。

さあそれで、これまで説いてこられたことの全体を受けるかたちで、お釈迦さまが舎利弗に呼びかけられるわけです。

舎利弗、衆生《しゅじょう》聞かん者、応当《まさ》に願を発《おこ》しかの国に生まれんと願ずべし。所以《ゆえ》は何《いかん》。かくのごときの諸上善人と倶《とも》に一処《いっしょ》に会《え》することを得《う》ればなり。

（真宗聖典一二九頁）

このような人々のおられる世界に生まれていこうじゃないか。こう、お釈迦さまは呼びかけておられるわけであります。

ここで注意したいのは、「舎利弗、衆生聞かん者」と、ここで初めて、釈尊の呼びかけとして「衆生」が出てくるんです。これまでは、一方的に舎利弗ですが、ここで初めて「衆生」という呼びかけが出てきています。これはなぜかと思うのですが、ここにきておそらく、舎利弗の自らの悩みへのとらわれが開かれてきているのをお釈迦さまが感じられたのではないでしょうか。それまでは舎利弗は、本願に立ち返れない問題を抱えて、その自分にずっととらえられていた。それがここまできて、舎利弗の心が開かれてきた。そういうものをお釈迦さまが感じられて、「舎利弗、衆生聞かん者」として「衆生」への呼びかけが出ている。そういうことではないかと、私はいただいております。

そして、

舎利弗、少善根福徳《しょうぜんごんふくとく》の因縁をもって、かの国に生まるることを得《う》べからず。

（真宗聖典一二九頁）

として、その浄土へ生まれるのは「少善根福徳の因縁」、すなわち、私たち人間を立場にした行、身《しん》・口《く》・意《い》の三業《さんごう》の行では生まれることはできないのだという、厳しい一言が説かれて、次の、『阿弥陀経』の要《かなめ》となります一段へ移っていくわけであります。

七　本願の仏道

聞法と念仏

これまで『阿弥陀経』を学んできたわけですけれども、いよいよ『阿弥陀経』の要《かなめ》の箇所に入らせていただくわけです。簡単にふり返っておきますなら、『阿弥陀経』のテーマは、〝これに依って生きよう〟として、本願が、たとえ人生のどこかで、いただかれたとしても続かない。しょっちゅうひっくり返って、わからなくなるわけですね。二十年間親鸞聖人と共に生活をなさっておられた方々も、わざわざ八十歳を越えた親鸞聖人のところへ、本当に念仏で救われるのかという問題を持って、関東から京都まで訪ねてこられたわけです。それが、『歎異抄』第二章にあります、

十余か国のさかいをこえて、身命《しんみょう》をかえりみずして、たずねきたらしめたまう御《おん》こころざし　（真宗聖典六二六頁）

ということです。ですから、本願と申しましてもいろんな出来事の中で見失われていくわけです。そういう私たちの問題に応《こた》えて説かれているのが『阿弥陀経』だということです。

真宗本廟（東本願寺）では、晨朝《じんじょう》（おあさじ）の時に、浄土三部経の『大経』も、『観経』も読まないのですけれども、『阿弥陀経』だけは、毎日読むわけです。それは、

こういうところからではないかと思います。疑いを払拭《ふっしょく》してくださる経典、本願に立ち返らせてくださる経典。「難信」という問題に応えてくださる経典として毎日読まれているのではないでしょうか。「難信」という意味は、信じ難いということでもありますが、さらにまた、常に新たに信心をいただき続けていかなくてはならない、はっきりし続けていかなくてはならないということでもあります。

そのようなことでこれまで学んできたわけですが、その内容は、一つは、本願に生きていかれた方々の生活が四つの浄土荘厳として説かれておりました。池とか、水とか、樹とか、そういう表現でですね。そして次に、二番目には、阿弥陀仏とその本願に生きておられる方々の姿が、声聞と菩薩ということで説かれておりました。声聞と申しますのは、念仏に生きていかれた方々、また生きておられる方々は常に教えに学んでいかれた方々であり、学んでおられる方々だということでした。教えを聞く、仏さまの声を聞く、それが声聞です。そして、その方々は、私たちを導いてくださる方々であるという意味で、同時に菩薩として説かれていたわけです。それで、この声聞と菩薩は、その前の四つの浄土荘厳として説かれていたものと別のものではありません。四つの荘厳として説かれていたものが、直接に人（浄土の聖衆）のこととして、声聞と菩薩として説かれていると申していいかと思います。

そして、その方々がおられる浄土への往生をすすめられて、最後にその浄土への往生は、人間を立場にした行では絶対的に不可能であることが、厳《きび》しく説かれていたわけです。

それでは、『阿弥陀経』の要の文に入っていきたいと思います。


舎利弗、もし善男子《ぜんなんし》・善女人《ぜんにょにん》ありて、阿弥陀仏を説くを聞きて、名号を執持《しゅうじ》すること、もしは一日、もしは二日、もしは三日、もしは四日、もしは五日、もしは六日、もしは七日、一心にして乱れざれば、その人、命終の時に臨《のぞ》みて、阿弥陀仏、もろもろの聖衆《しょうじゅ》と、現じてその前にましまさん。この人、終わらん時、心顛倒《てんどう》せずして、すなわち阿弥陀仏の極楽国土に往生することを得《え》ん。舎利弗、我《ま》この利を見るがゆえに、この言《ごん》を説く。もし衆生ありてこの説を聞かん者は、応当《さ》に願を発《おこ》しかの国土に生ずべし。（真宗聖典一二九―一三〇頁）

ここからはお釈迦さまが、全身全霊を込めて、舎利弗に対して本願の信を開こうとされる教説であるわけです。悩みを抱えている舎利弗に対する、お釈迦さまの全身全霊を込めた説法であると言っていいと思うのです。いま一度、本願に生きる舎利弗になって欲しい、そういう教説です。この箇所に、特に親鸞聖人は注意をなさっておられます。

「舎利弗、もし善男子・善女人ありて、阿弥陀仏を説くを聞きて、名号を執持すること、もしは一日、もしは二日、もしは三日……」というところには、二つの事柄が説かれています。その一つの「阿弥陀仏を説くを聞きて」というのは聞法です。そして二つ目の「名号を執持すること」というのは、念仏を称《とな》えるということです。そして、この一段が「念仏往生をすすめる」一段であると教えられていますように、比重と申しますか、中心は念仏を称えるというところにあるわけです。「もしは一日、もしは二日、もしは三日、もしは四日、もしは五日、もしは六日、もしは七日、一心にして乱れざれば」として、ひたすら〝南無阿弥陀仏、南無阿弥陀仏〟と念仏を称えることをすすめておられるわけです。おそらく現代の私たちは、なぜ、念仏をするのだということで、念仏をすすめられるお心がなかなかわからないのではないでしょうか。しかし、お釈迦さまは一心不乱に念仏を称えることをすすめておられるわけです。

私たちでしたら、ひたすらに念仏を称えよなどと言わないで、もっと直接にお釈迦さまが手ほどきを示して、本願を信じることができるようにしてくださったらどうかと思うかもしれません。しかしそれは、お釈迦さまでもできないということです。最後の一点は、阿弥陀如来と舎利弗との関係だということです。お釈迦さまといえども、「教えを聞いて、念仏をひたすらに称えなさい」とまでしか言えないのです。ここが、真宗の大事なところなのでしょう。二尊教《にそんきょう》、弥陀・釈迦二尊によって成り立っている教えと申します。

お釈迦さまといえども、舎利弗が本願に出遇う縁となることはできますけれども、最後の一点、本願を信じさせることはできないのです。お釈迦さまといえども縁なのです。そのことでは、私たちにとっては親鸞聖人といえども縁なのです。一人ひとりが本願に生きる身となるということは、最後の一点は、本願と私との関係の上で成り立つ事柄なのです。それで、ここのお釈迦さまは、舎利弗に本願が開かれることを念じられながら、ある意味でご自身の全体をかけてお説きくださっていると申し上げていいのではないでしょうか。

すでにして悲願います

　ここで本願ということについて、いま一度、確かめておきたいと思います。私たち一人ひとりの身と世界について、『歎異抄』には、「煩悩具足《ぼんのうぐそく》の凡夫《ぼんぶ》、火宅無常《かたくむじょう》の世界」（真宗聖典六四〇頁）と教えられています。これが、私たち一人ひとりの現実の在り方であり、私たちが生きている社会の姿であると教えられているわけであります。私たちは煩悩具足の凡夫として自らを持て余《あま》しながら生きていると申していいわけでしょう。具足ということは、欠け目なく具《そな》えているということです。ですから、縁によってどういう煩悩が起こってくるかわからないわけです。そういう私たちに、親鸞聖人の御法《おみのり》というのは、本願に生きるという、確かな立脚地に立った生き方を教えてくださっていると申し上げてよろしいかと思います。そういう意味で、私たちがはっきりしなくてはならないのは、「本願」という一点であります。

　その本願とは、いったい何なのか。そのことにつきましては、これまでにもいろいろなかたちで申し上げてまいりましたけれども、私が本願とは何かと思います時に、立ち返らされますのが親鸞聖人のお言葉です。

　親鸞聖人は『教行信証』の中で、本願につきまして、「すでにして悲願《ひがん》います」（真宗聖典三二六、三四七頁）というお言葉を二回、そして「すでにして願《がん》います」（真宗聖典三〇〇頁）を一回。さらに「如来の本願、すでに至心《ししん》・信楽《しんぎょう》・欲生《よくしょう》の誓いを発《おこ》したまえり」（真宗聖典二二三頁）、あるいは、「阿弥陀如来すでに三心《さんしん》の願を発したまえり」（真宗聖典二二四頁）として、「すでにして」・「すでにして」と同じような表現を五回記しておられます。この本願についての親鸞聖人の表現を通して感じますことは、親鸞聖人にとって本願というのは、私たちを離れてどこかにある真理ではなくて、どのような人のところにも、私たちの思いに先立ってすでにはたらいてくださっているまことだということです。そうであればこそ、「すでにして」・「すでにして」と繰り返し記していかれるわけでしょう。遠くにあるものを、そのようには表せません。

身と一つになってはたらいてくださっていればこそ、私たちは、その本願に時節が到来《とうらい》して出遇うことができるわけです。どのような人も目覚めていくことができるということでしょう。「正信偈」の中に「本願名号正定業《ほんがんみょうごうしょうじょうごう》（本願の名号は正定の業なり）」（真宗聖典二〇四頁）という一句がございますが、どのような人のところにもはたらいているまことである本願が、〝南無阿弥陀仏〟と名告り出てくださることを「本願名号」と表してくださっているわけでしょう。

念仏と本願

私たちにそのような本願がどのようにして開かれてくるのか。『阿弥陀経』の要《かなめ》の一段の内容になるわけですが、そのあたりのことが教えられますのが、高史明（コ・サミョン）先生のお言葉です。ご存じの方もいらっしゃるかと思いますが、昭和五十年に高先生の一人息子の真史《まさふみ》さんが自殺をなさった。そのことが縁となって、先生はお念仏の教えに出遇っていかれました。出遇われましたころに、「人間―永劫の濁りをつきぬけて」という題で先生の本願との出遇いがラジオで放送されました。

もし、絶海の孤島に流されることになって、ただ一つの願いが許されるとするなら、わたしは渇《かわ》きを癒《いや》す一杯の水よりも、『歎異抄』の一冊を選びたいと思う。『歎異抄』は、わたしにとって尽きることのない喜びの泉なのである。

思えば、わたしは『歎異抄』によって、さまざまに助けられてきた。その最初の出会いのとき、学校教育を満足に受けていなかったわたしにとって『歎異抄』は、まことに難解なものであったが、それでもなお多くの助けをいただいたのだと、いまはつくづくと思う。しかしながら、この出会いはまた、なんと身勝手なものであったことだろう。

わたしが『歎異抄』を繙《ひもと》くのは、いつも、もう生きていたくないという思いにかられるときだったのである。とりわけその三度目の出会いは、わずか十二歳でしかなかった一人息子の自殺を機縁とするものであった。

何たる親であったことか。いつもわたしはいわば〝叶わぬ時の神頼み〟として『歎異抄』に向かっていたのである。まことに恥ずかしい限りである。

『歎異抄』はしかし、このわたしを決して突き離してしまいはしなかった。あるときは「知」による助けを求めるわたしを、第二章の言葉によって軽く退けもしたが、それは次の機会に第三章の言葉によって、ふたたび引き寄せるものであった。

「善人なほもて往生を遂《と》ぐ、いはんや悪人をや」

この言葉によって、わたしはどれほど助けられたことか。そして息子の死によって骨を砕かれたときには、わたしはまず第五章の言葉によって助けられた。すべては、人間の救いを、それはまた今日人類の救いともいえるのだが、その救いの道を極めつくした親鸞のおかげである。

わたしの前には、いま念仏がある。息子の死はわたしにとって底のない悲しみであるが、『歎異抄』はこのわたしを、その悲を機縁として念仏へと導いてくれたのである。『歎異抄』においては、念仏にいたる道として、ただ一つ自らの計らいを捨てることが教えられている。

念仏とは、如来の声だからである。だが、言葉によって生きるほかないわたしが、どうして自らの計らいを捨てることができようか。わたしにとって、そのような道はとうてい可能なものとは思えなかった。

わたしは、あるときは苦しまぎれに念仏を称え、またあるときは念仏を遠ざけ、新たに思いたっては筆を取り、名号の六字を書きつづけるという日々を送った。しかしそれは不可能であるが故にまた、通ることが可能となる道なのであった。親鸞がその道を開いてくれたのである。

あるとき、わたしは息子の往生を願っているのでも、自分自身の悲と苦の安らぎを求めるのでもなく、ただ無心に念仏を称えている自分に気づくのである。それはもはやわたしの声ではなかった。そしてその声に心静かに耳を傾けているわたしの前には、光があった。万物に光があった。その光は、念仏であった。それは根本における喜びである。わたしは、たとえそれが幻覚であったとしても、その輝きの永続を願う。

『歎異抄』は、わたしをその光の前に導きいたったとき、ただ光のみを残してそのすべての言葉を消しさってしまうのである。

わたしは、消えていく言葉を見た。

（『一粒の涙を抱きて』八八―九〇頁・毎日新聞社刊）

ここで、高先生にとって教えは『歎異抄』でしょう。そして、御名《みな》を称《とな》えておられます。聞法と念仏というのは、そのようなかたちで一人ひとりの上に本願を成就してくださる。私は、そうとしか言えないものがあるのだろうと思います。

そこを、なぜ本願は念仏を申すことを通して開かれるのかにつきまして、少々理屈っぽい話になりますが、少し私の愚かな考えを加えさせていただきますなら、最初のころに申しましたけれども、本願は人間との関係のうえで「五劫」という永《なが》い時間をかけて、南無阿弥陀仏になってくださったということがあるのでしょう。そしてこのことは、私たちにとって決定的な意味を持っているわけです。もし本願が南無阿弥陀仏として衆生の上にお姿をとってくださらなかったとしますなら、本願は私たちの上に救う真実として成就しようがないわけです。「南無阿弥陀仏」として本願が衆生に称えられるかたちをとってくださったればこそ、そこに本願は宿ることができる。宿ると言うとおかしいですけれども。本願が私たちの上に表現をなさってくださることができるということです。ですから、本願と私たちとの関係において大事なことは、長い間の関わりの歴史をくぐって南無阿弥陀仏になってくださったということです。それで、私たちは教えが縁となって、その南無阿弥陀仏を称えることを通して本願をいただくことができるわけですし、また逆に言いますなら、本願は南無阿弥陀仏という姿をもって一人ひとりに名告ってくださることができるわけです。

そのことは、南無阿弥陀仏を称えるということを抜きにしては、本願は単なる知識に終わるということではないでしょうか。私を救うものになっていかないのです。私自身はそのようにいただいていることです。

光明名号の因縁

ここで、以上申し上げてまいりました『阿弥陀経』の要の一段について、親鸞聖人が教えてくださっておりますお言葉を通して、締《し》めくくっておきたいと思います。

「正信偈」に「光明《こうみょう》名号《みょうごう》顕《けん》因縁《いんねん》（光明名号、因縁を顕《あらわ》す）」（真宗聖典二〇七頁）という一句があります。この一句は善導大師が、どのようにして私たちが本願に目覚め、本願の信心に生きる身に成《な》っていくことができるのかという、信心発起《ほっき》の因縁を教えてくださっているお言葉によって詠《うた》っておられるわけです。

光明名号の因縁によって、本願の信心は開かれるということです。「因」というのは、因と縁によってものごとは果として成就することを教えてくださっているのが仏教ですが、果に直接的なものを「因」と言います。「縁」は、それに対して間接的なものです。ここでは光明が「縁」で、名号が「因」です。本願の信が果ですが、私たちにその果である信心が開かれるのは、光明と名号の因縁によるのだということです。ここで光明と言われておりますのは、教えです。そして、名号は称名念仏《しょうみょうねんぶつ》です。教えと、称名念仏が因縁となって、本願は私たちの生きる心となって成就してくださるということです。その姿が、念仏を申すという姿です。それが本願の信心の姿であるわけです。

仏願の生起本末

そして、本願の信心発起の縁でありますす光明、すなわち教えについて、それはどのような教えなのか、教えに何を聞くのかということについて、親鸞聖人が示してくださっておりますお言葉があります。

「聞《もん》」と言うは、衆生、仏願《ぶつがん》の生起《しょうき》・本末《ほんまつ》を聞きて疑心《ぎしん》あることなし。

（『教行信証』「信巻」真宗聖典二四〇頁）

というお言葉です。私たちは何を聞くのかということですが、仏願の生起本末を聞くのだ、そのことによって本願に対する疑いがなくなるのだということです。そこに、〝南無阿弥陀仏〟となって本願が生まれ出てくださるのだということです。どういう教えを聞くのか、仏願の生起本末を説いてくださっている教えを聞くのだということです。親鸞聖人にとっては、それが法然上人の教えだったのでしょう。

では、「仏願の生起・本末」とは何かということですが、「仏願生起の本」とは、仏願が起こされたいわれです。なぜ本願は起こされたのかということです。そのことを聞くということです。そして「末」とは、その起こされた本願が開いてくださる救い、それが「末」です。どのような救いを、本願は恵んでくださるのかということです。それらのことを聞くことによって、私たちの上に〝南無阿弥陀仏〟と念仏申す生活が開かれてくるのだということです。

そういうことですが、ここで大事なことは、そのような「仏願の生起・本末」を、単に説明的に教えてくださる言葉を聞くということではないということです。その方ご自身が、本願に救いを求められて、現に救われていっておられることを通して、説いてくださる方の教えを聞くということです。『恵信尼消息《えしんにしょうそく》』には、法然上人が、人々に教えを説いておられるご様子が、

ただ、後世《ごせ》の事は、善き人にも悪《あ》しきにも、同じように、生死出《しょうじい》ずべきみちをば、ただ一筋《すじ》に仰《おお》せられ候《そうら》いし（真宗聖典六一六頁）

と述べられています。「ただ一筋に」ですから、いつもこと新しいことを説いておられたわけではなく、内容としては同じことを繰り返し繰り返し、お話なさっておられたわけでしょう。しかし、言葉が生きていたのだと思います。ご自身で求められ、いただいておられることとしてお話になっておられましたから、言葉が生きていたのだろうと思います。その生きた言葉が、人々の上にも本願の信を開いていったのでしょう。ですから、仏願の生起本末を聞くと申しますけれども、それは実際に、本願に道

を尋ねて生きておられる方の言葉を通して聞くということです。そうでありませんと、知識は得られるでしょうけれど、事実として本願がいただかれるということにはなっていかないのではないでしょうか。

ここで、「仏願の生起・本末」が述べられています、親鸞聖人のお言葉をご紹介しておきたいと思います。このご文は、京都に住んでおられた聖人が、関東の田舎の人々に書いて送られましたお書き物の中の一文でございます。多くの方々がいただいてこられたご文です。

凡夫《ぼんぶ》というは、無明煩悩《むみょうぼんのう》われらがみにみちみちて、欲もおおく、いかり、はらだち、そねみ、ねたむこころおおく、ひまなくして臨終《りんじゅう》の一念にいたるまでとどまらず、きえず、たえずと、水火二河《しいかにが》のたとえにあらわれたり。かかるあさましきわれら、願力《がんりき》の白道《びゃくどう》を一分二分《いちぶんにぶん》、ようようずつあゆみゆけば、無碍光仏《むげこうぶつ》のひかりの御《おん》こころにおさめとりたまうがゆえに、かならず安楽浄土へいたれば、弥陀如来とおなじく、かの正覚《しょうがく》のはなに化生《けしょう》して、大般涅槃《だいはつねはん》のさとりをひらかしむるをむねとせしむべしとなり。

（『一念多念文意』真宗聖典五四五頁）

と。ここに仏願の生起本末が述べられていると申し上げてよろしいでしょう。「かかるあさましきわれら」を助けんとおぼしめしたって起こしてくださった願だとございます。これが「仏願生起の本《ほん》」です。悩みを抱えながら生涯を生きていかざるをえないような私たちを救おうとして起こされた願だと、これが仏願生起の本でしょう。

それでは、「末」は何かということになります。それは、「一分二分、ようようずつ」とありますように、おろおろしながらも〝南無阿弥陀仏、南無阿弥陀仏〟と本願のお心をいただいて、歩み続けていく人を、「無碍光仏のひかりの御こころにおさめとりたまう」とございます。これが「末」であり、救いの内容でありましょう。本願を「南無阿弥陀仏」といただいていく人は、「摂取《せっしゅ》の光明」に包まれるということです。これまで申し上げてまいりました、浄土が開かれるということです。ですから浄土というのは、光明無量の世界であり、光明摂取の世界なのです。

もう一つ申しますと、これまでお話し申し上げてまいりましたが、純粋感情の世界、開かれた一如の世界ということです。曽我先生は、「心境」という言葉で教えてくださっています。浄土の根本は心境でしょう。開かれた心境です。一如の心境。それに対して私たちは常に分別で分けるわけです。「生と死」「死者と生者」とか、「彼と我」とか、「自分と他人」とかと限りなく二つに分けていく。そういう私たちに分別を超えた心境が開かれてくる。それが、浄土の根本でしょう。それが、生起本末の「末《まつ》」だと申し上げていいと思います。

そして、そのあとの「かならず安楽浄土へいたれば」以下の内容は、私は、浄土が開かれた人の上に恵まれてくる人生観だといただいています。ですから、「無碍光仏のひかりの御こころにおさめとりたまうがゆえに」と、「がゆえに」という言葉で、上を受けて述べられているわけでしょう。それで、「御こころにおさめとりたまう」までが大事なのではないかと思います。あとはそこにおのずからに、死に終わる人生に恵まれてくる人生観でしょう。やがて、すでに開かれている国に至り、至ることをもって自己の生涯の成就とする。これは、人生観です。

現に証《あかし》される救い

『阿弥陀経』に戻りますと、次に救いの内容が経文には、

その人、命終の時に臨《のぞ》みて、阿弥陀仏、もろもろの聖衆と、現じてその前にましまさん。この人、終わらん時、心顚倒《てんどう》せずして、すなわち阿弥陀仏の極楽国土に往生することを得ん。

（真宗聖典一二九頁）

と説かれています。ここに「命終の時に臨みて」とありますところから、ともいたしますと、浄土への往生が実体化された死後のこととして受け取られてしまいます。しかし親鸞聖人は、おそらくこの教説にもとづいて善導大師が、「一切の衆生が臨終の時に、勝縁《しょうえん》・勝境《しょうきょう》が悉《ことごと》く現前しますように」（『往生礼讃』取意）と讃《たた》えておられます句を解釈なさって、

「一切臨終時」というは、極楽をねがうよろずの衆生、いのちおわらんときまで、ということばなり。「勝縁勝境」というは、仏をもみたてまつり、ひかりをもみ、異香《いきょう》をもかぎ、善知識のすすめにもあわんとおもえ、となり。

（『一念多念文意』真宗聖典五三四頁）

と、述べておられます。「いのちおわらんときまで」と、「まで」をおつけになることによって、勝《すぐ》れた縁や境に恵まれることが臨終の時のことではなく、本願に生きる人のところに現に恵まれることとして教えてくださっています。このことからしますなら、経典の「命終の時」と申しますのは、私の思いを立場にした在り方が終わる時と申していいかと思います。

そして、いま一つ注意されますのが、釈尊が舎利弗に対して念仏往生をすすめられ

るにつきまして、

舎利弗、我この利を見るがゆえに、この言《ごん》を説く。（真宗聖典一二九頁）

とおっしゃっていることとです。私は現にこのように救われていっている人々に出会ったからお前にすすめるのだということとです。このことからしますなら、念仏往生の教えは、単に釈尊個人がお悟りになられた道ではなく、現に念仏によって救いを得ておられる方々に、釈尊が出会われたことにもとづいてお説きくださっている教えだといただかれることであります。

諸仏の証誠と護念

次に、「六方段《ろっぽうだん》」と言われておりますけれども、『真宗聖典』で申しますと、一三〇頁の四行目からです。結びの一段と申し上げてよろしいかと思います。そこには、東《とう》方《ぼう》、南方《なんぽう》、西方《さいほう》、北方《ほっぽう》、下方《げほう》、上方《じょうほう》、その六方の無量無数の諸仏《しょぶつ》方が本願念仏に生きようとしている私たちを護ってくださっているのだということが説かれています。諸仏によります証誠《しょうじょう》と護念《ごねん》が説かれている一段です。その諸仏について親鸞聖人になりますと、非常に具体性を持ってきます。いま諸仏と説かれておりますものは、親鸞聖人にとりましてインド・中国・日本の七高僧《しちこうそう》であり、無数のお念仏に生きられた方々です。あるいは念仏に生きておられる方々です。そして、その方々をどういう意味で諸仏とおっしゃるのかと申しますなら、「証誠護念」のおはたらきをしてくださっているということです。

「証誠」と申しますのは、まことの言葉をもって、念仏が間違いなく救いの法であることを証明してくださっているということです。まことの言葉と申しますのは、裏表のない言葉ということです。内心では信じていないのに、言葉だけ信じているようなことを言っていないということです。その方ご自身が、身をもって南無阿弥陀仏がまことであることをいただいておられる。そして、そのことをもって念仏が真実であることをお説きくださり、証明してくださっているということです。そして、そのことをもって私たちを護り念じてくださっているということです。そういう方々が「諸仏」です。そのように、親鸞聖人にとって諸仏と申しますのは、証誠し護念してくださる方々、私たちを励まし護っていてくださる方々、それが諸仏です。私たちを護ってくださるといっても、何か外から護ってくださるということではありません。ご自身が念仏に救いを求めて歩んでおられる、そのことをもって護ってくださっているということです。

　それで、そこには六方におられる諸仏方《がた》の中で、それぞれを代表する方々のお名前が説かれています。そして無数の諸仏方、念仏に生きておられる方々がおられることが説かれています。六方の諸仏ということで、六回同じような経文が繰り返されているわけです。東方の諸仏方、南方の諸仏方、西方の諸仏方、北方の諸仏方、下方の諸仏方、上方の諸仏方、その諸仏方が私たちを念じていてくださるということです。このことを逆に申しますなら、そのような諸仏方を念じながら歩んでいく道が、本願に生きる人生だということでしょう。念じ、念じられていく歩みです。実際に、さまざまなものの考え方がある中で、念仏に生きるという生き方は、念仏に生きていかれた方々を念ずること抜きには成り立たないのです。どのような時代でもそうでしょうけれど、特に情報社会の現代はそうではないでしょうか。人を念ずること抜きに、私が念仏に生きるということは成り立っていかない。〝そうだ、念仏に生きよう〟と思い立っても、すぐにすっ飛んでしまいます。

　東にこういう方々がおられる。西にこういう方々がおられる、そういう方々を念ずることの中で私の上に開かれ続けていく道が念仏往生の道なのでしょう。そして、そのことは決して念仏に固執《こしゅう》していくことではなく、時には固執することもくぐるわけでしょうが、むしろ、本願によって心が開かれ続けていく道なのでしょう。

そして、もう一言申し上げさせていただきますと、上方と下方の諸仏方についてです。上方と下方というのは、インドの方々の世界観かとも思うのですが、私は、上方の諸仏方を代表する方々のお名前が他方の方々と比較して多いことから、未来の、これから生まれ続けてこられる諸仏方ではないか。それに対して下方の諸仏方は、代表する方々のお名前に名と法がついていることが多いところから、名が伝えられ法に生きられたお徳が伝えられている方々として、過去の諸仏方といただくことができるのではないかと思うことであります。

続いて、経典の名前について、

舎利弗、汝《なんじ》が意《こころ》において云何《いかん》。何のゆえぞ、名づけて、一切諸仏に護念せらるる経とする。（真宗聖典一三二頁）

と、舎利弗に問いかけておられます。「阿弥陀仏とは何か」について説かれた箇所とここの二箇所に、「於如意云何《おにょいうんが》」という、舎利弗に対する問いかけの言葉がありです。このことから、この箇所も大事な箇所であることが教えられます。おそらく「何のゆえぞ、名づけて、一切諸仏に護念せらるる経とする」と、経典の題の意味を舎利弗に問いかけられることを通して、念仏往生の道が諸仏方に念じられ、また諸仏方を念じて歩む道であることを舎利弗に対してしっかりとお示しになると共に、この経が世に相続され続けていくことを舎利弗に対して託《たく》しておられるのではないでしょうか。

念じ念じられていく道

この一段の結びとして、まさに、そのように諸仏方を念じることを通して生きていかれたのが親鸞聖人だということで、私が和讃の中でも特に感銘を受けています一首を挙げさせていただきたいと思います。

この和讃は、真宗のお寺ですと、報恩講《ほうおんこう》の御満座《ごまんざ》と言いますけれども、一番最後の勤行《ごんぎょう》の時に、ご和讃の冒頭にあげられる和讃です。親鸞聖人ほど、人々を念じながら生きていかれた方はいらっしゃらないと言ってもいいのではないでしょうか。そのことが表されているご和讃です。『正像末《しょうぞうまつ》和《わ》讃《さん》』に収められています。

三朝浄土《さんちょうじょうど》の大師等《だいしとう》　哀愍摂受《あいみんしょうじゅ》したまいて

真実信心すすめしめ　定聚《じょうじゅ》のくらいにいれしめよ　（真宗聖典五〇五頁）

親鸞聖人が八十五、六歳のころにつくられたご和讃です。「三朝浄土の大師等」というのは、インド・中国・日本の七高僧への呼びかけです。龍樹大士《りゅうじゅだいじ》、天親菩薩《てんじんぼさつ》、曇鸞《どんらん》大師《だいし》、道綽禅師《どうしゃくぜんじ》、善導大師《ぜんどうだいし》、源信僧都《げんしんそうず》、源空上人《げんくうしょうにん》（法然上人《ほうねんしょうにん》）、七人の方々です。「三朝浄土の大師の皆さま方よ」、ということです。この親鸞を哀れみ、摂《おさ》め、受け止めて、真実信心をすすめてください。そして、皆さま方の仲間に加えてくださいということを詠っておられます。念仏に生きるということがどういうことかを、身をもって私たちに示してくださっているご和讃だと申してもいいのではないでしょうか。

そのように南無阿弥陀仏に生きていかれた方々を念ずることによって、本願に生きていかれた方が親鸞聖人です。そして、また同時に、これから南無阿弥陀仏に生きようとする私たちを念じていかれた。それが親鸞聖人のご生涯だったと申し上げていいのではないでしょうか。そういうことで、本願念仏の道は諸仏方を念じ、諸仏方に念じられて歩んでいく道だということを、六方段で教えてくださっているといただかれることであります。

八　流通分

阿修羅について

『阿弥陀経』の最後の一段「流通分《るずうぶん》」です。この経典が相続されていくようにとの願いが表されている一段です。そこには、

仏、この経を説きたまうことを已《おわ》りて、舎利弗およびもろもろの比丘《びく》、一切世間の天・人《にん》・阿修羅等《あしゅらとう》、仏の所説を聞きたまえて、歓喜《かんぎ》し、信受して、礼《らい》を作《な》して去りにき。（真宗聖典一三四頁）

と説かれています。仏陀の説法が已《おわ》って、舎利弗はじめ、聴衆の方々がそれぞれのところへお帰りになられたということです。

この一段で注意されますのが、経典の初めの序分の衆成就には説かれていなかった「阿修羅」が説かれていることです。このことは先学《せんがく》も指摘くださっています。しかし、どういうことなのでしょうか。阿修羅は浄土三部経の中の『大無量寿経』にも『観無量寿経』にも出てきません。『阿弥陀経』の最後の流通分にのみ説かれているのです。このことから、注意しなければならないのではないでしょうか。

阿修羅については、明確な定義がなく、さまざまな説があることをご専門の先生から教えていただきました。それだけに、よく知られています奈良の興福寺《こうふくじ》の阿修羅像

のように魅力的な存在です。しかし、一般的に戦いを好む鬼神《きじん》として受け止められているようです。そのことからしますなら、『阿弥陀経』の正宗分が説かれる前の序分においては、聴衆の内に隠れていた阿修羅が、『阿弥陀経』の説法が終わったところで、説法を聞いた喜びから表に出てきたといただくことはできないでしょうか。信仰の苦悩、その内面は信と疑との闘いです。このことからしますなら、仏陀の説法によって、いまひとたび信仰の惑《まど》いから解放された。そのことによって、信仰の苦悩、内面の闘いが終わり、晴ればれとした舎利弗の心を表しているのではないかと思われるのです。

おわりに

本書は、首都圏教化推進本部主催の「仏教聖典講座―浄土三部経に学ぶ『阿弥陀経』―」において、二〇一四年十月から二〇一六年六月までの十一回にわたりお話ししたものに加筆・修正を加え、出版部にて内容を整理いただいたものです。

講座の初回時には、聴講くださるのが首都圏の方々ということで、田舎に住む私としては不安を抱えてのスタートとなりました。しかし、お聴きくださる皆さんの熱心なお心と、講座のお世話をくださいました東京宗務出張所の方々のお心配りによりまして、無事に講座を終えることができました。

明治の時代に、身をもって親鸞聖人の教えに救いを求められた清沢満之《きよざわまんし》先生は、

私たちが生きるについては、必ずや一つの完全な立脚地《りっきゃくち》がなくてはなりません。もし立脚地がなくて、人として世に処していこうとするなら、あたかも浮雲の上に立って技芸《ぎげい》を演じているようなものです。必ずや、転覆《てんぷく》を免《まぬが》れえないことはいうまでもありません。

（『精神主義』著者意訳）

とおっしゃっていますが、親鸞聖人の教えは、社会的にも個人的にもさまざまな問題

が渦巻《うずま》く現実を生きている私たちに、完全な立脚地を示してくださる教えであると、私はいただいています。

その立脚地が、「本願」として伝えられ続けてきているわけであります。本願とは、「どのような人・現実にもはたらいていて、教えの縁をまって〝南無阿弥陀仏〟と、一人ひとりに名号《なのの》ってくださる真実」と申していいかと思います。

その本願は、私たちの是非善悪の思いを超えて、どのような人にもはたらいている真実であることにおいて、教えの縁さえあれば、時を得て必ず遇《あ》うことができる真実であることが教えられています。しかし、また同時に本願との出遇いは、さまざまな縁の中に本願を尋ね明らかにし続けていく歩みの出発点であることも教えられているのであります。

『阿弥陀経』は、釈尊が〝舎利弗《しゃりほつ》、舎利弗〟とひたすらに、仏弟子である舎利弗を呼び続けてお説きくださっている経典です。そのことは、生涯をかけて本願を尋ねて歩む私たち一人ひとりに対して、仏陀釈尊が呼びかけ、その歩みを支え続けてくださる経典であることを示しているものといただかれます。親鸞聖人は『阿弥陀経』について、「釈迦牟尼仏は、『阿弥陀経』をお説きになって、濁世《じょくせ》を生きる私たちに対して称名念仏をすすめ、本願に生きる生活を回復し続けてくださるのであります」（真宗聖典三四七頁取意）と教えてくださっています。

浄土三部経（『仏説無量寿経』・『仏説観無量寿経』・『仏説阿弥陀経』）の中で『阿弥陀経』は、特に人々によって親しまれ、読誦《どくじゅ》され続けてきた経典です。それは、経典が短くて繰《く》り返しが多く、暗誦《あんしょう》しやすいことによるところが大きいかと思われます。しかしそのことは、むしろそのように読誦されることを願い、意図して、仏陀釈尊が説いておいてくださった経典であることにもとづいていると言っていいかと思われます。

「執持名号《しゅうじみょうごう》　若一日《にゃくいちにち》　若二日　若三日　若四日……一心不乱」と、日々読誦することによって、おのずからに念仏を称えることの大切さが教えられる。また「舎利弗　南方世界　有日月燈仏《うにちがっとうぶ》　名聞光仏《みょうもんこうぶ》　大焔肩仏《だいえんけんぶ》　須弥燈仏《しゅみとうぶ》　無量精進仏《むりょうしょうじんぶ》……」と、東西南北上下の六方の世界それぞれに無数の諸仏方がおられることを説かれている経文は、諸仏方のお名前をとなえることによって、私たちが念仏に生きられた多くの方々から念じられていることにおのずから気づかせ、そして、それらの方々を念じて歩む生活を私たちに開こうとされているのでありましょう。

本願念仏の道は、一人の力だけではとても歩めません。称名念仏と、そしてまた念仏に生きられた方々がおられることによって、はじめて歩んでいくことのできる道であります。『阿弥陀経』は、日々の読誦を通してそのような感覚を、私たちにおのずからに開いてくださる経典なのでありましょう。

本書の内容は、『阿弥陀経』に私自身の問題関心をぶつけて学ぶということでお話をさせていただいたものです。親鸞聖人の教えに人生を問い、道を尋ねておられます有縁の方々にとりまして、少しなりともお役に立てるといたしますなら有難く思います。最後になりますが、お話をさせていただくにあたり、私の不明な点についてお教えをくださいました同朋大学の福田琢、安藤弥、飯田真宏、三人の先生方にはお忙しいところお力添えを賜りました。またテープ起こしから文章の整理等まで出版部の皆様には大変なご尽力をいただきました。

ここに厚く御礼を申し上げる次第であります。

二〇一八年六月十日

廣瀬　惺

廣瀬　惺（ひろせ　しずか）
1946(昭和21)年、岐阜県に生まれる。大谷大学卒業。
元同朋大学教授。現在は大垣教区第九組妙輪寺住職。
著書は『本願の仏道』（文栄堂）、『『浄土文類聚鈔』に学ぶ』、『「顕浄土真実行文類」講讃』（東本願寺出版）など。

阿弥陀経《あみだきょう》に学《まな》ぶ

2018(平成30)年９月20日　第１刷　発行
2019(平成31)年４月１日　第２刷　発行

著　　者　廣瀬　惺
発 行 者　但馬　弘
発 行 所　東本願寺出版(真宗大谷派宗務所出版部)
〒600-8505　京都市下京区烏丸通七条上る
TEL　075-371-9189(販売)
075-371-5099(編集)
FAX　075-371-9211
印刷・製本　シナノ書籍印刷株式会社
装　　幀　株式会社188

ISBN978-4-8341-0592-6　C0015